आओ प्रयोग करें

आओ प्रयोग करें

श्यामसुंदर शर्मा

ग्रंथ अकादमी, नई दिल्ली

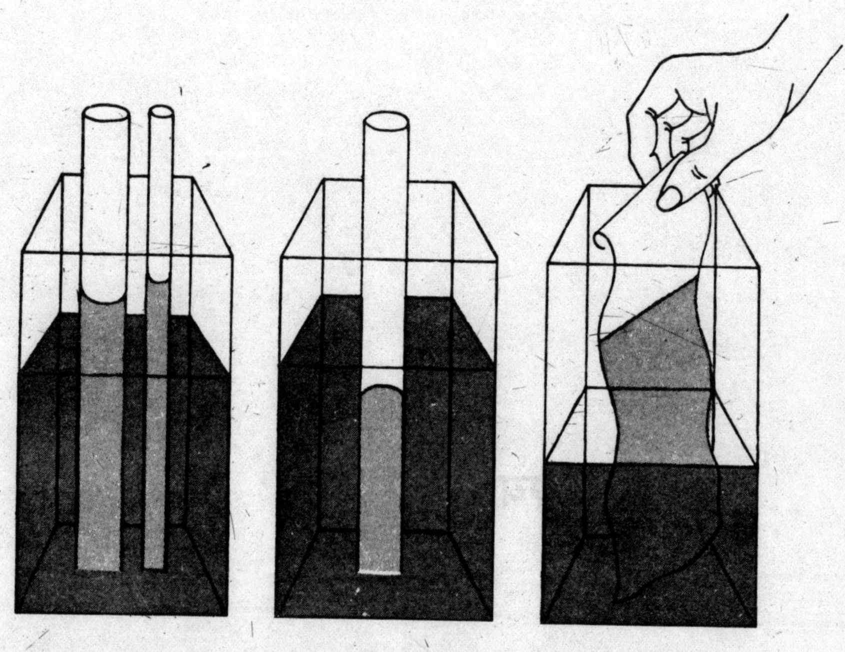

प्रकाशक : **ग्रंथ अकादमी**

भवन संख्या–19, पहली मंजिल, 2, अंसारी रोड, दरियागंज, नई दिल्ली–110002

 / संस्करण : 2025 / मूल्य : चार सौ रुपए

मुद्रक : नरुला प्रिंटर्स, दिल्ली ISBN 978-81-932956-4-9

AAO PRAYOG KAREN

by Shri Shyam Sunder Sharma ₹400.00

Published by **GRANTH AKADEMI**

Building No. 19, First Floor, 2, Ansari Road, Daryaganj, New Delhi-110002

प्रयोग कहाँ-कहाँ

आओ प्रयोग करें

बच्चों में अपने आस-पास होनेवाली घटनाओं को देखने और उनके बारे में पूछने की स्वाभाविक जिज्ञासा होती है। वे हर वस्तु और घटना के बारे में सब कुछ जान लेना चाहते हैं। इसलिए उनकी जिज्ञासा, उनके प्रश्न पूछने की शृंखला का अंत नहीं होता। अपनी इस प्रवृत्ति के कारण वे हर वस्तु को अपनी तरह से जाँचना-परखना चाहते हैं। यह बात दूसरी है कि जाँचने-परखने की इस कोशिश में उनसे अनजाने ही चीजें टूट-फूट जाती हैं, यंत्र बिगड़ जाते हैं।

स्वयं करके देखने की स्वाभाविक इच्छा के कारण वे प्रयोग करना चाहते हैं। छोटे-छोटे, सरल, पर देखनेवालों को अचंभे में डाल देनेवाले प्रयोग। पर अधिकांश बच्चों को ऐसे प्रयोगों के बारे में मालूम नहीं होता जिन्हें वे आसानी से अपने घर में ही कर सकें और न ही वे इन प्रयोगों को करने के लिए आवश्यक साधन जुटा पाते हैं।

हम बच्चों को कुछ ऐसे प्रयोगों के बारे में बता रहे हैं जिन्हें वे बिना विशेष सामग्री जुटाए, अपने घर में ही, आसानी से कर सकते हैं। इन प्रयोगों को करने में लागत तो बहुत कम आएगी ही, साथ ही उनको करने में न तो बच्चों को चोट आदि लगने का कोई खतरा होगा और न ही दूसरों को कोई हानि होगी। पर देखनेवाले आश्चर्यचकित अवश्य हो जाएँगे। आओ, प्रयोग शुरू करें।

1. जब द्रव ठोस बन जाए

तुमने देखा होगा, कई बार फुटपाथ पर 'जादू' के खेल दिखानेवाले किसी दर्शक के हाथों में पानी से भरा फ्लास्क यह कहते हुए थमाते हैं कि, ''बाबू, मैं आपको 'पानी' (या गंगाजल अथवा कोई और द्रव) दे रहा हूँ। इसे अपने साथ खड़े आदमी को दे दीजिए। पर देखिए, यह बर्फ न बन जाए।'' दर्शक उस फ्लास्क को अपने हाथ में ले लेता है। उसे यह विश्वास भी होता है कि फ्लास्क का 'पानी' द्रव ही रहेगा, बर्फ नहीं बनेगा, क्योंकि उस समय दिन रहता है और धूप खिली होती है (इतनी ठंड नहीं होती कि पानी जमकर बर्फ बन जाए)। फिर वह फ्लास्क को पास खड़े आदमी को देता है और वह आदमी भी अपने पास खड़े आदमी को। इस प्रकार फ्लास्क आगे बढ़ता रहता है। पर तीन-चार लोगों के हाथों से गुजरते ही द्रव सचमुच 'बर्फ' (ठोस) में बदल जाता है। जादूगर बनावटी नाराजगी के साथ कहता है, ''लो बाबूजी ! आपने आखिर बर्फ बना ही दी।'' और फ्लास्क अपने हाथ में लेकर एक तरफ रख देता है।

यह तमाशा देखकर तुम सोचते हो कि जादू जैसी कोई चीज न होने के बावजूद हाथों-हाथों में ही पानी (द्रव) बर्फ (ठोस) कैसे बन गया ?

तुम खुद भी यह प्रयोग कर सकते हो। इसके लिए तुम्हें चाहिए सोडियम ऐसीटेट अथवा हाइपो के कुछ क्रिस्टल, एक साफ फ्लास्क, पानी और गरम करने का प्रबंध (हीटर अथवा गैस)। हाइपो का रासायनिक नाम है सोडियम थायोसल्फेट। यह फोटोग्राफरों द्वारा इस्तेमाल किए जानेवाले डवलपर का एक मुख्य रचक है। सोडियम ऐसीटेट और हाइपो तुम्हें रसायन विक्रेता की दुकान से मिल सकते हैं।

प्रयोग करने के लिए सोडियम ऐसीटेट के कुछ क्रिस्टल साफ फ्लास्क में रखो। फिर किसी बड़े भगोने में पानी भरकर उसमें फ्लास्क को रखकर भगोनें को गरम करो। पानी को उस समय तक गरम करते रहो जब तक फ्लास्क में रखे क्रिस्टल पूरी तरह पिघल न जाएँ। फिर फ्लास्क निकालकर उसके मुँह को ढक दो और उसे धीरे-धीरे ठंडा होने दो। इस समय उसे बिलकुल नहीं छेड़ो। तुम देखोगे कि सोडियम ऐसीटेट ठंडा हो जाने के बाद भी द्रव के रूप में ही रहता है और ठोस नहीं बनता। अगर इस अवस्था में फ्लास्क को थोड़ा-सा भी हिलाया-डुलाया जाता है (जब उसे एक आदमी दूसरे को देता है तब वह काफी हिल जाता है) तब द्रव धीरे-धीरे ठोस बनने लगता है।

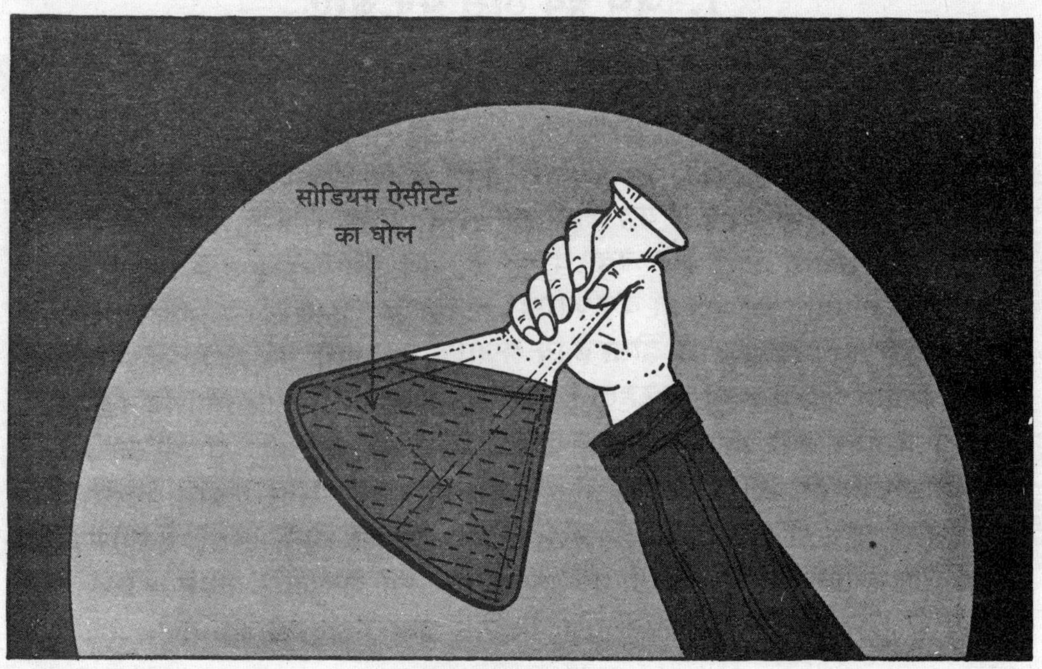

अगर पिघले हुए सोडियम ऐसीटेट में उसका एक क्रिस्टल डाल दिया जाए तो द्रव से ठोस में बदलने की क्रिया अधिक सुचारु रूप से होती है।

पिघलने के बाद सोडियम ऐसीटेट रंगहीन हो जाता है इसलिए वह पानी जैसा दिखता है।

अगर हाइपो के साथ तुम यह प्रयोग करते हो तब हो सकता है कि प्रयोग इतने सुचारु रूप से न हो जितना सोडियम ऐसीटेट के साथ हुआ था। वैसे हाइपो से प्रयोग

करने के लिए फ्लास्क में गरम पानी लेकर उसमें धीरे-धीरे उस समय तक हाइपो को घोलते रहो जब तक वह घुलता रहे। जब हाइपो घुलना बंद हो जाए (जब उसका संतृप्त घोल बन जाए) तब घोल को रुई में से छान लो। यहाँ यह सावधानी बरतने की जरूरत है कि छने घोल में हाइपो का कोई ठोस कण न रह जाए। इस घोल को भी हिलाने से हाइपो धीरे-धीरे ठोस में बदलने लगता है।

अगर तुम चाहो तो फ्लास्क में मौजूद ठोस पदार्थ को गरम करके 'तमाशे' को दोहरा सकते हो।

इस प्रयोग में सोडियम ऐसीटेट और हाइपो के एक विशिष्ट गुण का उपयोग किया जाता है। वह है अतिसंतृप्त (सुपरसैचुरेटेड) घोल बनाने का गुण। घुलनशील ठोस पदार्थ घोलक की दी गई मात्रा में, एक विशेष ताप पर, एक हद तक ही घुल सकते हैं। इससे उनका संतृप्त घोल बन जाता है। पर सोडियम ऐसीटेट और हाइपो के संतृप्त घोलों में उनकी और भी मात्रा घुल सकती है। इस प्रकार वे अतिसंतृप्त घोल बना लेते हैं। पर इन अतिसंतृप्त घोलों को जरा-सा हिलाने-डुलाने से ही सोडियम ऐसीटेट या हाइपो ठोस में बदलने लगता है और धीरे-धीरे यह क्रिया पूरे घोल को ठोस में बदल देती है। विचित्र बात यह है कि ऐसा होते समय गरमी पैदा होती है।

2. बरतन बदलते ही रंग भी बदल जाए

अगर तुम अलग-अलग रंगों के काँच के गिलासों में पानी लेते हो तब बाहर से (काँच में से) देखने पर पानी का रंग भी हलका-सा बदला दिखाई देता है। पर हम तुम्हें ऐसा प्रयोग करना बताएँगे जिसमें रंगहीन काँच के तीन गिलासों में पानी डालते ही उसका रंग अलग-अलग हो जाता है। एक गिलास में वह अपने स्वाभाविक रंग का यानी रंगहीन रहता है, दूसरे गिलास में उसका रंग लाल हो जाता है और तीसरे गिलास में दूधिया।

यह प्रयोग करने के लिए तुम्हें चाहिए थोड़ा-सा (लगभग 30 बूँद) नमक का तेजाब, लगभग 2 ग्राम कास्टिक सोडा, एक चम्मच हाइपो क्रिस्टल और कुछ बूँद फिनोलफ्थेलिन घोल। ये सब वस्तुएँ तुम्हें रसायन विक्रेता से मिल जाएँगी। पानी और काँच के तीन गिलास तो चाहिए ही। पहले गिलास को लगभग तीन-चौथाई पानी से भर लो और उसमें बूँद-बूँद करके नमक का तेजाब डालो। यह बात ध्यान देने योग्य है कि कभी भी तेज (सांद्र) तेजाब में पानी नहीं मिलाओ वरन् पानी में तेजाब मिलाओ और ऐसा करते समय पानी को काँच की छड़ से हिलाते रहो। वैसे तेजाब या कास्टिक सोडे के घोल से प्रयोग करते समय यह ध्यान रखो कि वह तुम्हारे शरीर या कपड़ों पर न गिरे। अगर किसी कारणवश ऐसा हो जाता हैं तब उस स्थान को जिस पर वे गिरे हों, जल्दी-से-जल्दी पानी से, बहुत अच्छी तरह से, धो डालो।

पानी में नमक का तेजाब मिलाने से पानी का रंग नहीं बदलता। वह पानी जैसा ही दिखेगा। अब उसमें फिनोलफ्थेलिन घोल की 10-12 बूँदें मिला दो। तब भी पानी का रंग नहीं बदलेगा।

दूसरे गिलास में कास्टिक सोडा लेकर उसे थोड़े-से पानी में घोल लो। इस घोल में उँगली नहीं डालनी चाहिए। इस घोल का रंग भी पानी जैसा ही रहेगा। फिर उसमें पहले गिलास में से थोड़ा-सा पानी डालो। ऐसा करने पर थोड़ी ही देर में पानी का रंग लाल हो जाएगा। कास्टिक सोडा क्षार है और क्षार के घोल में फिनोलफ्थैलिन का रंग लाल हो जाता है।

इस गिलास में कास्टिक सोडे के घोल की मात्रा इतनी थी कि उसने तेजाबीय घोल को न केवल उदासीन बना दिया वरन् उसे क्षारीय भी कर दिया।

इसके बाद तीसरे गिलास में एक चम्मच-भर हाइपो क्रिस्टल डालकर उन्हें कम-से-कम पानी में घोल लो। फिर पहले गिलास का बचा हुआ पानी उसमें डाल दो। ऐसा करते ही वह दूधिया हो जाता है क्योंकि तेजाब हाइपो को रासायनिक रूप से विघटित करके उसमें से गंधक को मुक्त कर देता है। यह गंधक अत्यंत बारीक कणों के रूप में होती है। पानी में अघुलनशील होने के कारण यह पानी में छितरा जाती है और पानी दूध जैसा दिखने लगता है।

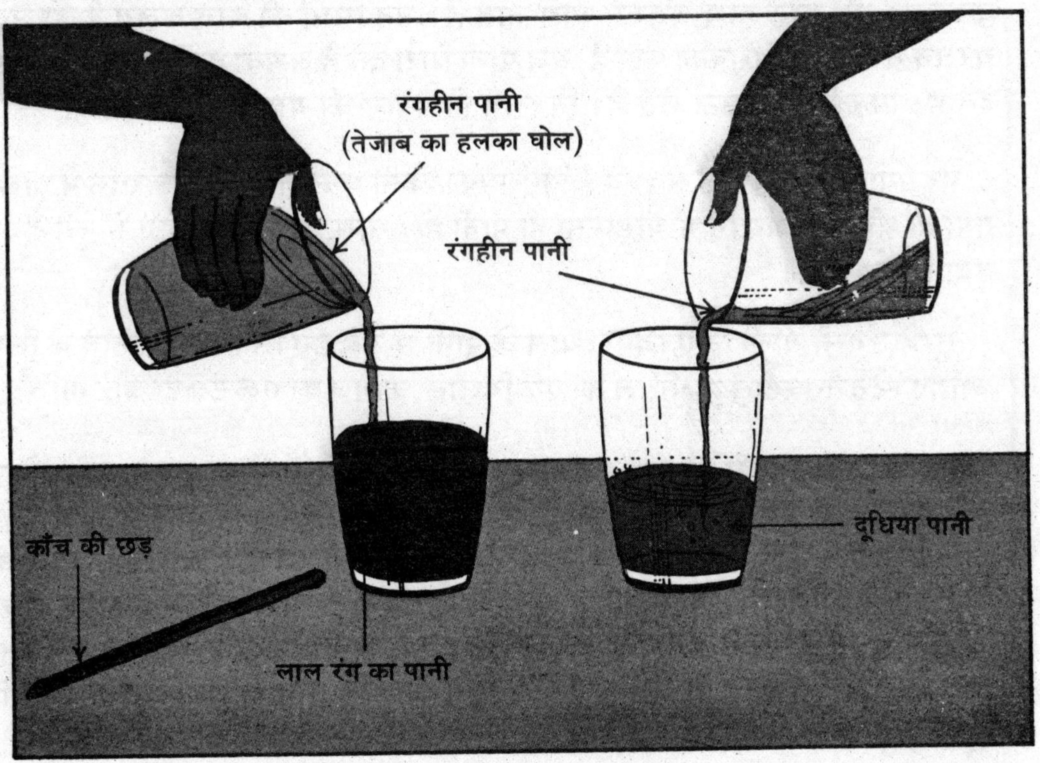

3. बिना उँगली भिगोए पानी में से सिक्का उठाना

तुम सिक्के या उसके आकार और मोटाई की किसी अन्य वस्तु को पानी में डालकर अपने मित्रों से उसे इस प्रकार उठाने के लिए कहो कि उनका हाथ न भीगे। कोशिश करने पर भी उनके हाथ अवश्य भीग जाते हैं। उन मित्रों की बात अलग है जो उस बरतन में से जिसमें सिक्का पड़ा है, सब पानी गिरा देते हैं अथवा दूसरे बरतन में डाल देते हैं। फिर सिक्का उठा लेते हैं। निश्चय ही प्रयोग की यह शर्त नहीं है।

पर प्रयोग की एक शर्त अवश्य है कि सिक्का किसी थाल जैसे चौरस बरतन में डाला गया हो और उस बरतन में थोड़ा-सा ही पानी हो। साथ ही सिक्का पानी में पूरी तरह डूबा हुआ भी हो।

तुम्हें उँगली गीली किए बिना थाल के पानी में डूबे हुए सिक्के को उठाने के लिए चाहिए स्टेनलैस स्टील या पीतल का एक गिलास, कागज का एक टुकड़ा और माचिस।

सबसे पहले थाल में सिक्का रखकर इतना पानी डालो कि सिक्का डूब जाए। फिर कागज के टुकड़े को जला लो और जल्दी से उसे गिलास में डाल दो। गिलास को फुर्ती से थाल में, सिक्के के पास उलटकर रख दो। ऐसा करने पर कागज बुझ जाता है। उसके कुछ क्षण बाद तुम देखोगे कि थाल का पानी अपने-आप गिलास के नीचे इकट्ठा हो रहा है और उसमें चढ़ने की कोशिश कर रहा है। पर सिक्का अपने ही स्थान पर रहता है। जब सिक्का सूख जाए तो उसे उठा लो। ऐसा करने से तुम्हारी उँगलियाँ भीगेंगी नहीं।

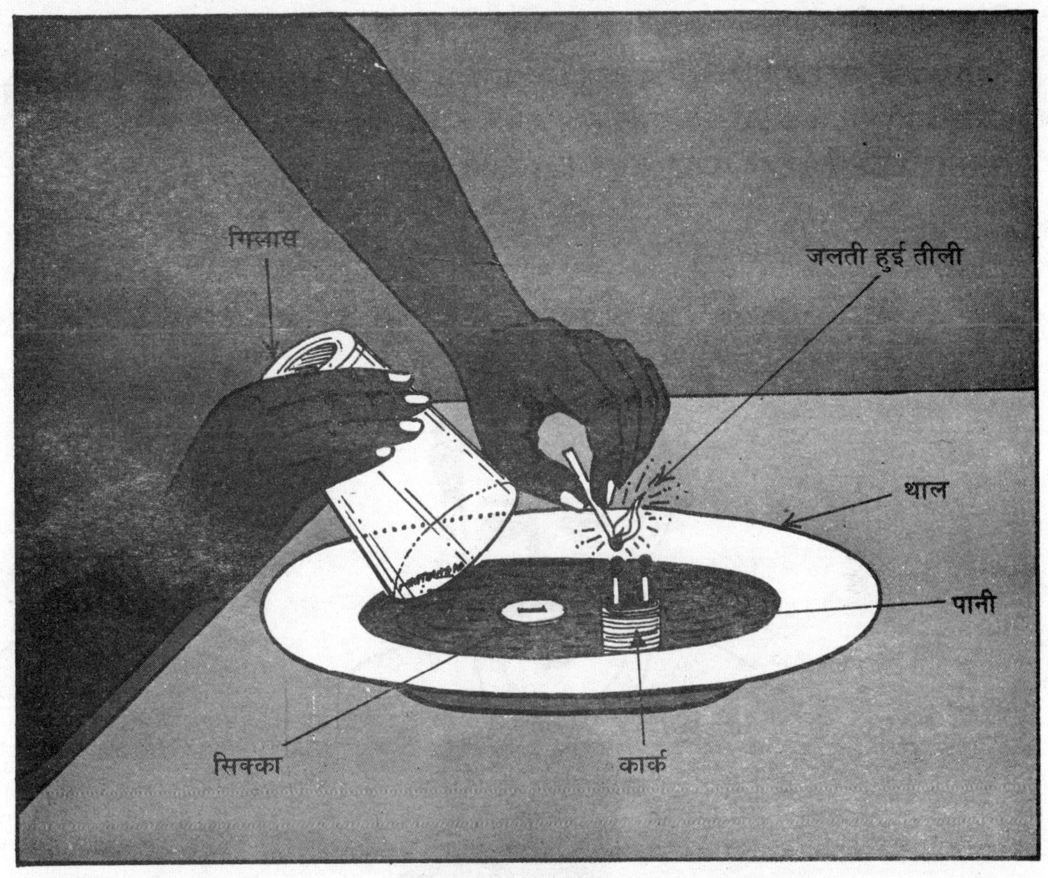

अब सहज ही तुम्हारे मन में यह सवाल उठ सकता है कि गिलास को उलटने के कुछ क्षण बाद थाल का पानी उसके नीचे क्यों इकट्ठा हो गया? इसका कारण है—कागज ने जलकर गिलास की वायु में से ऑक्सीजन खर्च कर दी (तुम जानते हो कि बायु में ऑक्सीजन की मात्रा लगभग 1/5 भाग होती है)। साथ ही, कागज के जलने से गिलास के भीतर की वायु गरम हो गई और उसका कुछ भाग गिलास से बाहर निकल गया। पर कागज के बुझने के बाद वायु का आयतन और कम हो गया। इससे गिलास में वायु का दबाव कम हो गया। कागज के जलने से जो कार्बन डाइऑक्साइड और जल वाष्प बनीं उनका आयतन बहुत कम था और वे पानी में घुल गईं।

गिलास उलटा रखा था इसलिए उसमें बाहरी वायु आसानी से नहीं घुस पाई। उसे गिलास में प्रवेश करने के लिए थाल के पानी में से गुजरना पड़ा। उसने पानी को

गिलास के नीचे इकट्ठा कर दिया और ऊपर चढ़ाने की कोशिश की।

यह प्रयोग करने के लिए तुम कागज के स्थान पर कार्क में चुभी माचिस की तीली भी ले सकते हो। उस कार्क को थाल में रखकर तीली जला सकते हो। उसे जलाव गिलास को उसके ऊपर उलटा रखा जा सकता है।

4. पानी तुम्हें ऊपर उठाए

तुम जानते हो कि पानी चारों ओर दबाव डालता है। इस बारे में तुम्हें कई प्रयोग बताए भी गए हैं। इसी दबाव (ऊपर की ओर पड़नेवाले दबाव) के फलस्वरूप पानी में वस्तुएँ तिरती हैं और नीचे की ओर पड़नेवाले दबाव के कारण गोताखोर बहुत गहरे पानी में नहीं जा पाता। वह बिना विशेष पोशाक पहने तीस मीटर से अधिक गहरे पानी में नहीं जा सकता।

अब पानी के इसी दबाव के साथ एक प्रयोग करो। इस प्रयोग से तुम्हें यह अंदाजा हो जाएगा कि पानी का दबाव कितना अधिक होता है।

इस प्रयोग के लिए तुम्हें चाहिए गरम पानी की थैली (हॉट वाटर बैग), उसके मुँह में पूरी तरह फिट हो सकनेवाला रबर का एक कार्क, समकोण पर मुड़ी काँच की एक नली (जिसका बाहरी व्यास इतना हो कि रबर पाइप उस पर कसकर चढ़े), लगभग डेढ़ मीटर लंबा रबर का मजबूत पाइप, एक कीप और लकड़ी के तीन पटिए—दो छोटे और पतले, एक बड़ा और मजबूत।

सबसे पहले कार्क में एक छेद कर लो। छेद इतना बडा हो कि उसमें से काँच की नली एकदम सटकर जाए। नली को उस छेद में से इस प्रकार निकाल दो कि उसकी एक भुजा बाहर रहे। अब कार्क को थैली के छेद में लगा दो और थैली को फर्श पर रख दो। उससे सटाकर, उसके दोनों ओर, एक-एक छोटा पटिया रख दो। बड़ा पटिया इस तरह रखो कि वह दोनों पटियों और थैली को छुए। अगर छोटे पटियों की मोटाई उतनी ही है जितनी थैली की, तब ऐसा अपने-आप हो जाएगा।

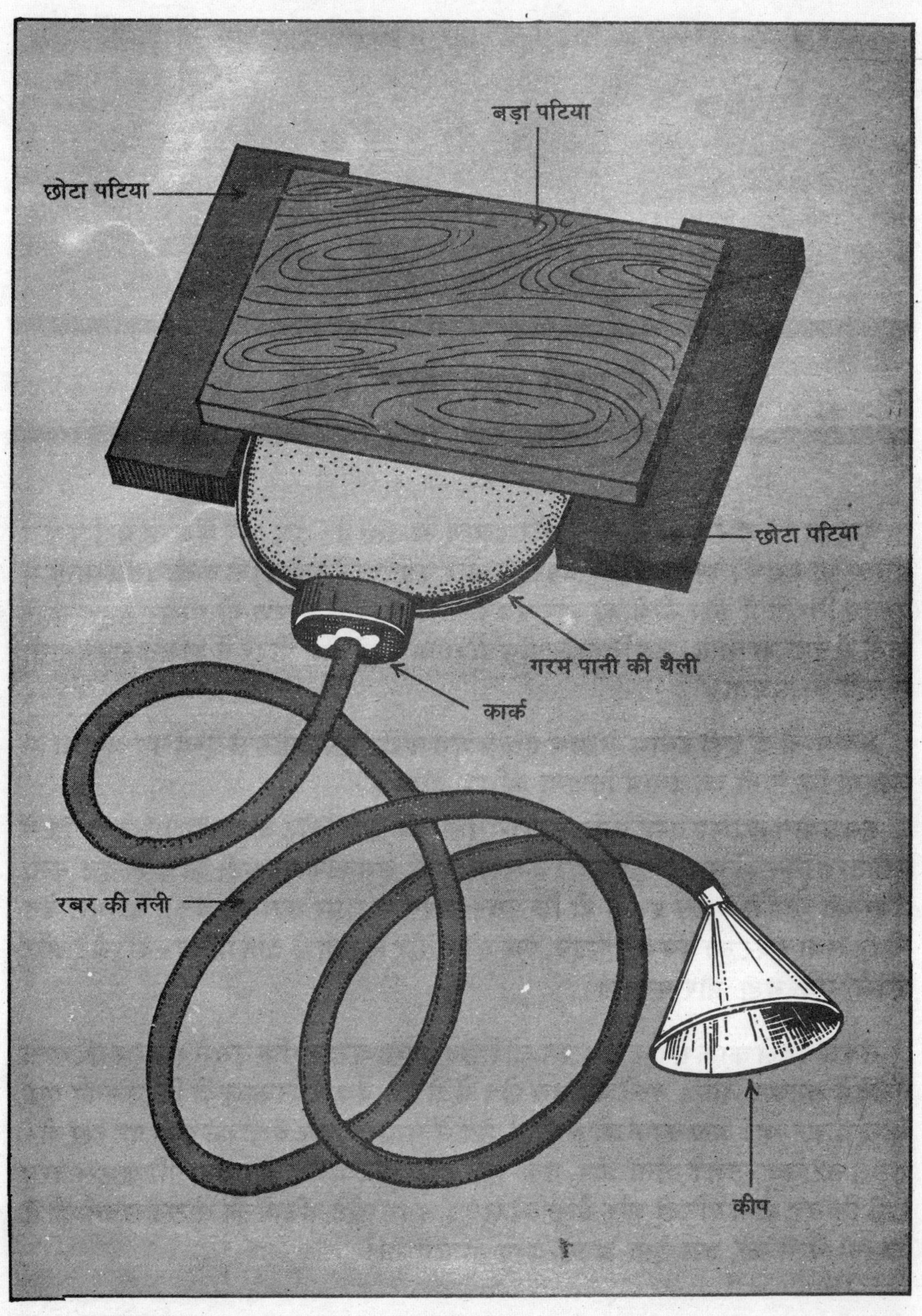
बड़ा पटिया
छोटा पटिया
छोटा पटिया
गरम पानी की थैली
कार्क
रबर की नली
कीप

इसके बाद कार्क में से निकली हुई काँच की नली पर रबर के पाइप का एक सिरा चढ़ा दो। दूसरे सिरे पर कीप लगा दो। बड़े पटिए पर तुम खड़े हो जाओ। इससे थैली दब जाएगी।

अब अपने किसी साथी से कहो कि वह पाइप के कीप में लगे सिरे को तुम्हारी ऊँचाई के बराबर ऊपर उठा ले और कीप में से धीरे-धीरे पानी डाले। पानी डालते समय रबर की और काँच की नलियों में तथा थैली में भरी वायु बाहर निकलती है। इसीलिए कीप में धीरे-धीरे, उसे हिलाते हुए, पानी डालना चाहिए।

पहले तुम्हें कुछ पता नहीं चलेगा। पर जैसे-जैसे थैली पानी से भरने लगेगी वह फूलने लगेगी और तुम्हें ऊपर उठाने लगेगी। उसमें और रबर के पाइप में भरा पानी तुम्हारे वजन को आसानी से सहन कर लेगा। यह सब उस दबाव के फलस्वरूप होता है जो पानी ऊपर की ओर डालता है। लगभग 1.5 मीटर ऊँचा पानी का स्तंभ करीब चालीस किलोग्राम वजन को उठा सकता है। हाइड्रॉलिक लिफ्ट इसी सिद्धांत पर काम करती है।

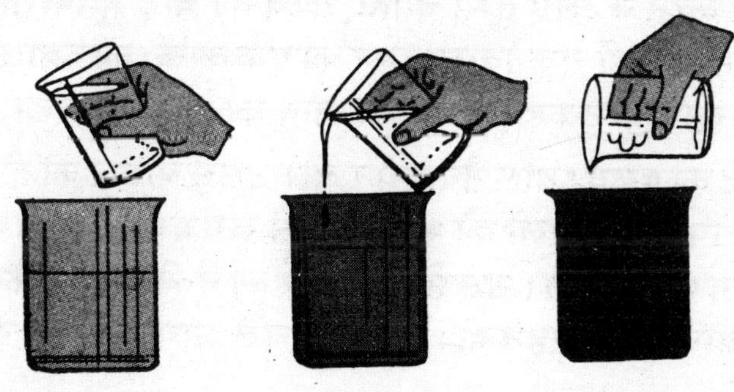

5. फव्वारा अपने-आप चले

इस प्रयोग को तुम 'जादू' कहकर अपने दोस्तों को आश्चर्यचकित कर सकते हो। सरसरी नजर से देखने पर ऐसा लगता है कि कागज से ढकी एक बोतल को तुमने उठाया नहीं कि फव्वारा फूट पड़ा।

इस 'करिश्मे' को करने के लिए तुम्हें चाहिए काँच की चौड़े मुँहवाली एक बोतल, उसके मुँह पर एकदम फिट हो सकनेवाला रबर का एक कार्क, काँचवाला एक ड्रॉपर, एक परखनली, तार का एक टुकड़ा, थोड़ा-सा खाने का सोडा, सिरका और पानी।

पहले पानी में सोडे का हलका घोल तैयार कर लो। उससे बोतल को तीन-चौथाई से भी अधिक भर लो। फिर परखनली को भी सिरके से लगभग तीन-चौथाई भर लो। अब कार्क में छोटा-सा छेद कर लो। उस छेद में ड्रॉपर का नुकीला भाग फँसा दो। बाकी ड्रॉपर को नीचे की ओर लटका रहने दो। उसके निचले भाग पर लगी रबर की टोपी हटा दो।

तार के टुकड़े के एक सिरे को इतने बड़े छल्ले के आकार में मोड़ लो कि उसमें परखनली फँसकर आए। तार के दूसरे सिरे को हुक जैसी आकृति में मोड़ लो। हुक को कार्क के ऊपरी सिरे से अटका दो और छल्ले में सिरके से भरी परखनली लटका दो। फिर कार्क को सावधानीपूर्वक बोतल के मुँह पर लगा दो।

यह सावधानी बरतनी जरूरी है कि सिरका छलके नहीं और बोतल में सोडे के घोल का स्तर ड्रॉपर के निचले सिरे से काफी ऊपर रहे। लो, तैयार हो गया प्रयोग का सामान। चाहो तो बोतल पर बाहरी ओर काला कागज चिपका दो जिससे दर्शकों को उसके भीतर रखे सामान न दिखें।

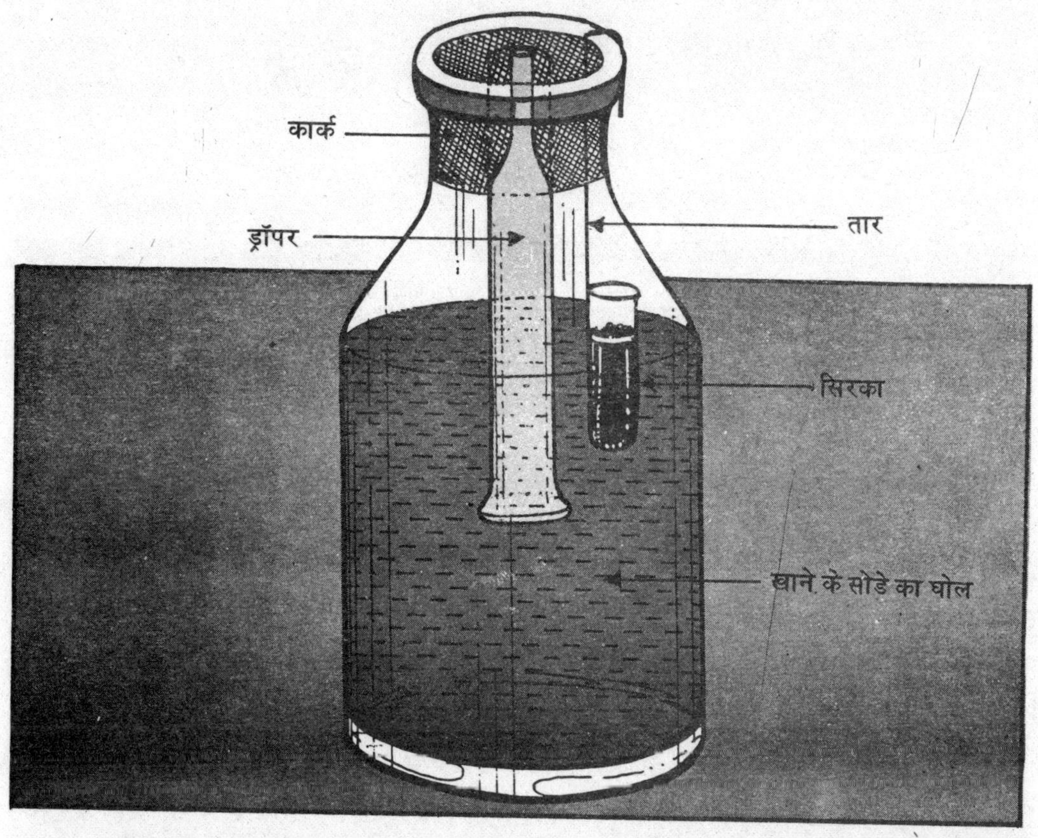

अब बोतल को थोड़ा-सा टेढ़ा कर दो। ऐसा करने से सिरका सोडे के घोल पर गिरने लगेगा। क्षणभर बाद ही ड्रॉपर के नुकीले सिरे से एकाएक फव्वारा चलने लगेगा। कुछ देर बाद वह अपने-आप रुक जाएगा।

प्रयोग के पीछे सिद्धांत यह है कि सिरके के खाने के सोडे के घोल के साथ मिलते ही कार्बनं डाइऑक्साइड गैस बनने लगती है। वह ड्रॉपर के छोटे छिद्र में से तेजी से बाहर निकलना चाहती है। ऐसा करते समय वह सोडे के घोल को भी अपने साथ बोतल से बाहर ले जाती है। इसीलिए फव्वारा चलना शुरू हो जाता है। पर जब सोडे के घोल का स्तर ड्रॉपर के निचले भाग से नीचा हो जाता है तब कार्बन डाइऑक्साइड अपने साथ सोडे के घोल को बाहर नहीं ले जा सकती, इससे फव्वारा बंद हो जाता है।

खाने का सोडा (सोडियम बाइकार्बोनेट) और सिरका किसी भी पंसारी की दुकान से मिल सकते हैं। दोनों हानिकारक पदार्थ नहीं हैं।

6. चिपक जाएँ तो छूटें नहीं

पानी के साथ ही एक और आसान प्रयोग। समतल दर्पण के दो टुकड़े लो। लगभग 7 सेंटीमीटर लंबे और 5 सेंटीमीटर चौड़े टुकड़े बेहतर रहते हैं। उनकी चमकीली सतहों को पानी से गीला कर लो और उन्हें एक-दूसरे से सटा दो। अब उन्हें बाजू की ओर सरकाए बिना अलग करने की कोशिश करो। अरे! यह क्या? तुम पूरा जोर लगा रहे हो पर दर्पण टस-से-मस नहीं हो रहे। ऐसा लगता है मानो उन्हें एक-दूसरे से अच्छी तरह चिपका दिया गया हो।

वास्तव में दो बल दर्पणों को आपस में चिपका रहे हैं। पानी के अणुओं को एक-दूसरे की ओर आकर्षित करनेवाला ससंजक (कोहेसिव) बल तथा पानी के कणों और दर्पण के बीच कार्यरत आसंजक (एडहेसिव) बल।

इस प्रयोग में दर्पणों के स्थान पर काँच के टुकड़े भी लिए जा सकते हैं।

इन बलों के कारण ही जब काँच के दो टुकड़ों के बीच पानी की बूँदें आ जाती हैं तब उन्हें सरकाकर ही अलग किया जाता है।

इन्हीं बलों के फलस्वरूप बहुत पतली नली (केशिका नली) में पानी ऊपर चढ़ता है। पर उस समय ये बल एक-दूसरे के विपरीत कार्य करते हैं जबकि दर्पणों को चिपकाने में दोनों बल आपस में सहयोग देते हैं। जब केशिका नली को पानी में डुबोया जाता है तब उसमें धीरे-धीरे पानी काफी ऊँचाई तक चढ़ जाता है। इस बारे में अनुभव यह है कि नली का छेद जितना बारीक होगा पानी उतना ही ऊपर चढ़ेगा।

यहाँ पानी और नली के बीच काम करनेवाला आसंजक बल पानी को नली के बाजुओं की ओर आकर्षित करता है। इससे पानी ऊपर चढ़ने लगता है और उसकी

सतह अभिसारी (नली की दीवारों के निकट के सिरे ऊँचे और बीच का भाग नीचे) हो जाती है। पर पानी के अणुओं के बीच का ससंजक बल, उन्हें एक-दूसरे की ओर आकर्षित करता है और सतह को सपाट बनाने का प्रयत्न करता है। ये दोनों बल एक ही समय पर एक-दूसरे के विपरीत कार्य करते हैं, इसलिए नली में धीरे-धीरे उस समय तक पानी चढ़ता रहता है जब तक नली में पानी के स्तंभ का भार उसे ऊपर चढ़ानेवाले बल से अधिक नहीं हो जाता। नली जितनी बारीक होती है पानी के स्तंभ का भार उतना ही कम होता है।

रुएँदार तौलिए के एक कोने को भिगोने पर इन्हीं बलों के फलस्वरूप पानी पूरे तौलिए को गीला कर देता है। ब्लॉटिंग पेपर भी इन बलों के फलस्वरूप ही स्याही सोखता है।

भूमिगत जल इसी तरीके से धरती की सतह पर आता है। यदि भूमि में बहुत अधिक केशिका क्रिया होने लगती है तब भूमिगत जल सतह पर काफी मात्रा में आने लगता है। सतह पर आकर वह लगातार भाप बनकर उड़ता रहता है। जब फसल बोने के लिए सतह के पास की धरती को खोदकर अथवा हल चलाकर भुरभुरा कर लिया जाता है तब धरती की केशिका व्यवस्था गड़बड़ा जाती है। भूमिगत जल सतह पर आकर केवल भाप के रूप में उड़ता ही नहीं रहता वरन् पौधों की जड़ों तक भी पहुँचता रहता है।

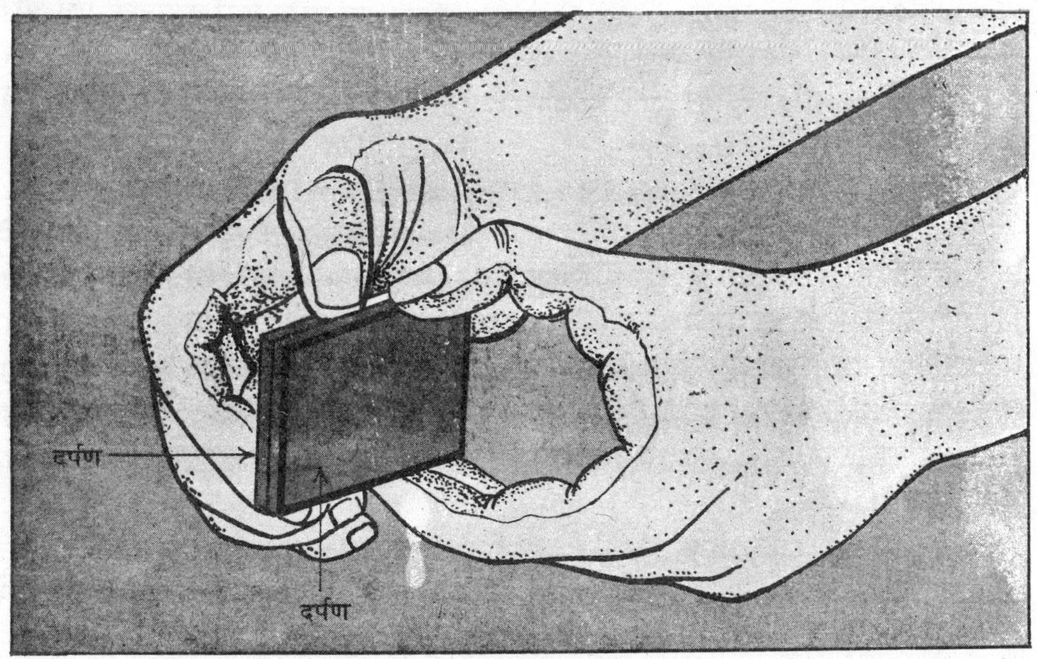

7. पवन सीधी दिशा में क्यों नहीं बहती?

अपने भूगोल के पाठ में तुमने पढ़ा है कि पवनें अधिक दबाववाले क्षेत्र से कम दबाववाले क्षेत्र की ओर बहती हैं। भूमध्यरेखा के निकट वर्ष-भर गरमी पड़ने से वायु गरम और हलकी होकर ऊपर उठ जाती है और वहाँ कम दबाववाला क्षेत्र बन जाता है। इस क्षेत्र की ओर, उत्तर और दक्षिण, दोनों गोलार्द्धों के अधिक दबाववाले क्षेत्रों (आमतौर से 30-35° अक्षांशों के बीच स्थित) से पवनें बहने लगती हैं। साधारण तौर से उन्हें सीधे उत्तर या दक्षिण दिशा से आना चाहिए, पर वास्तव में वे उत्तर-पूर्व और दक्षिण-पूर्व दिशाओं से आती हैं। ऐसा क्यों होता है? पृथ्वी के अपनी धुरी पर पश्चिम से पूर्व दिशा में घूमने के कारण ऐसा होता है। इस तथ्य को तुम स्वयं एक बहुत सरल प्रयोग करके ज्ञात कर सकते हो।

इस प्रयोग के लिए तुम्हें चाहिए चिकने गत्ते की बनी एक घिरनी, माचिस की एक तीली या पिन और स्याही की कुछ बूँदें। तुम स्वयं भी चिकने गत्ते को वृत्त के आकार में काटकर घिरनी बना सकते हो। उसके केंद्र में तीली की नोक अथवा पिन की नोक लगा दो। घिरनी को घुमाकर यह देख लो कि वह तीली पर आसानी से घूमती है अथवा नहीं। साधारणतः उसे आसानी से घूमना चाहिए। घिरनी के ऊपर की ओर किनारे के पास पाँच-छः अलग-अलग स्थानों पर स्याही की एक-एक बूँद डाल दो। अब जल्दी से, स्याही के सूखने से पहले, घिरनी को नचा (घुमा) दो। जब वह रुक जाए तो देखो कि बूँदों का क्या बना?

वे सब सर्पाकार रेखाएँ बन गई हैं। ये रेखाएँ आपस में मिल भी जाती हैं। बूँदें सर्पाकार रेखाएँ ही क्यों बनीं? सीधी रेखाएँ क्यों नहीं बनीं? केंद्रापसारी बल के प्रभाव के

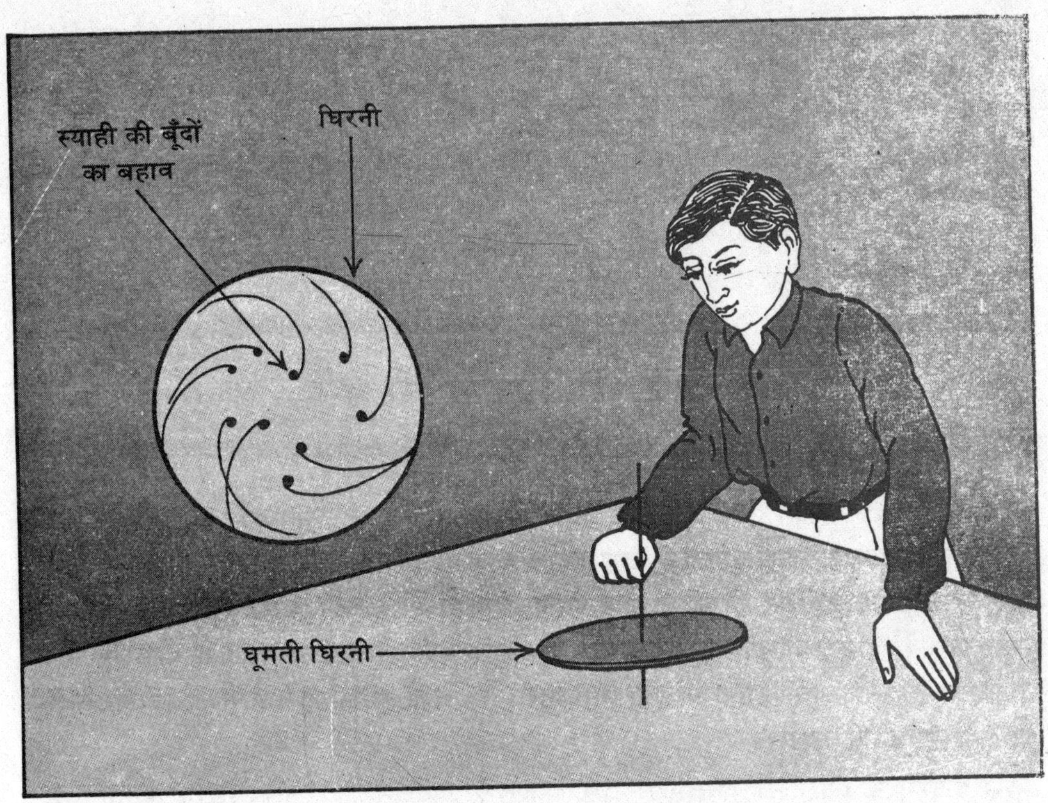

कारण। इस बल के फलस्वरूप केंद्र से दूर होने पर बूँदें घिरनी में उन स्थानों पर पहुँच जाती हैं जहाँ घूमने का वेग बूँदों के वेग से अधिक होता है। इन स्थानों पर घिरनी उन्हें पीछे छोड़ जाती है। इससे वे सीधे मार्ग से पीछे छूट जाती हैं और उनके बहने का मार्ग वक्र हो जाता है।

8. कटे भी और न भी कटे

तुम्हें ऊपर दिया गया शीर्षक कुछ विचित्र लगा होगा। तुम सोचते होगे कि ऐसी कौन-सी चीज है जो 'कटती भी है और साथ ही नहीं भी कटती'। पर ऐसी एक चीज है और तुम उसे जानते भी हो। वह है बर्फ। बर्फ एक ऐसी चीज है जो तार के टुकड़े से कट जाती है परंतु साथ-ही-साथ जुड़ती भी जाती है। नहीं आया समझ में! तो नीचे दिया गया प्रयोग करके देखो।

इस प्रयोग के लिए तुम्हें चाहिए बर्फ का एक बड़ा टुकड़ा जो चौथाई सिल्ली के बराबर हो और तीन-चौथाई मीटर लंबा लोहे का एक मजबूत तार। चाहो तो तुम दो वजन भी ले सकते हो। बर्फ के टुकड़े को स्टूल जैसी किसी समतल चीज पर रख दो। उसके ऊपर तार रखो। तार का एक सिरा बर्फ के टुकड़े के एक ओर हो और दूसरा सिरा दूसरी ओर। अब तार के दोनों सिरों को पकड़कर जोर से नीचे की ओर खींचो। चाहो तो खींचने के बजाय तार के दोनों सिरों पर एक-एक वजन लटका दो।

तुम देखोगे कि तार के खींचने से बर्फ कटने लगती है और तार उसके अंदर जाने लगता है। वह धीरे-धीरे पूरे टुकड़े को काट देता है। पर यह क्या, बर्फ कटते-कटते ही अपने-आप जुड़ने भी लगती है और जब तक तार नीचे पहुँचता है बर्फ फिर से जुड़ जाती है। वह कटी भी और नहीं भी कटी। ऐसा क्यों होता है?

जब तुम तार के सिरों को नीचे की ओर खींचते हो तब वह बर्फ पर दबाव डालता है। दबाव के फलस्वरूप बर्फ पिघल जाती है (दबाव से पानी के जमने—बर्फ बनने—का ताप नीचा हो जाता है) पर जैसे ही तार उस स्थान से हटता है, वहाँ बना पानी अपने आसपास के ताप के बहुत कम होने के कारण फिर से जम जाता है। इस प्रकार

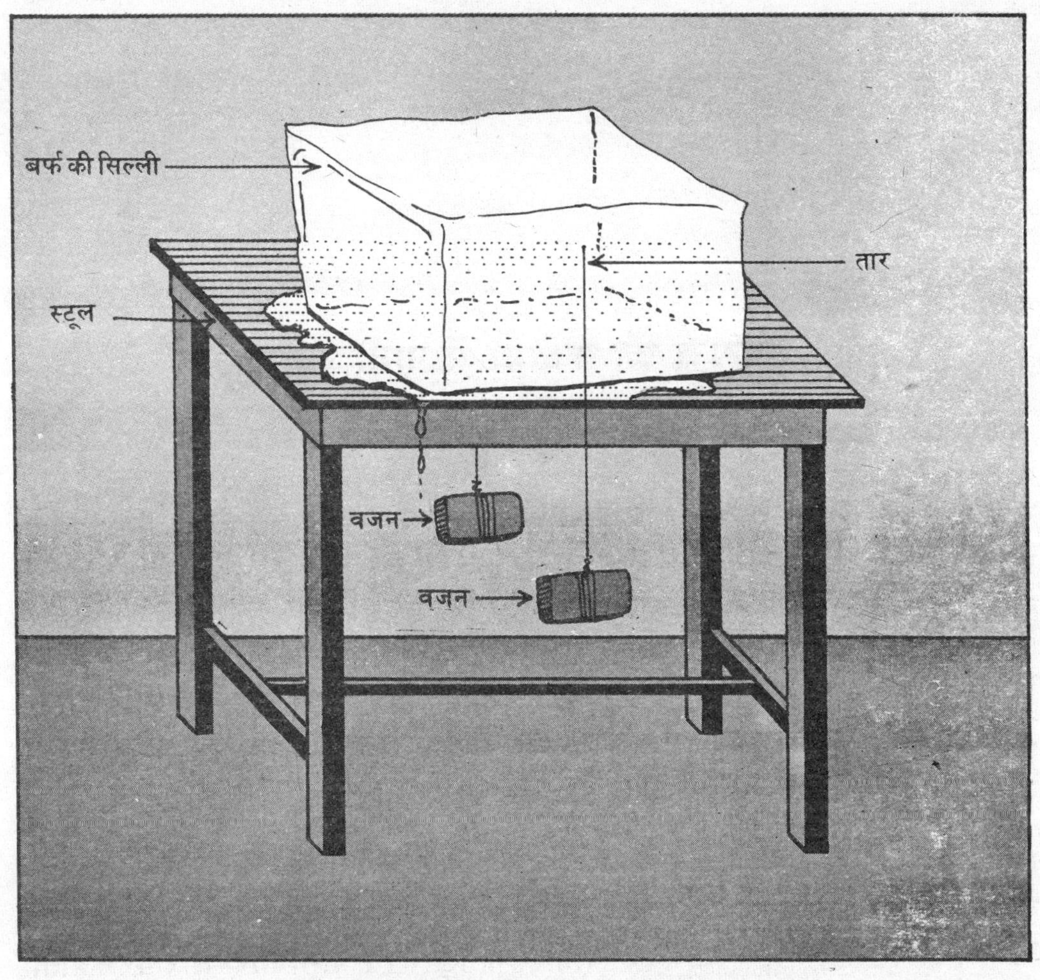

जैसे-जैसे तार नीचे जाता है, बर्फ के पिघलने से बना पानी फिर से जमता जाता है। इस तरह बर्फ का टुकड़ा फिर से पहले जैसा हो जाता है। वह उस स्थान पर कमजोर भी नहीं होता जहाँ तार ने उसे काटा था। इस तरह बर्फ कटी भी पर फिर भी नहीं कटी।

यहाँ तुम्हें एक बात बता दें। पहाड़ों पर अथवा ठंडे देशों में जब लोग बर्फ पर स्केटिंग करते हैं तब वे दरअसल पानी की पतली तह पर फिसलते हैं—बर्फ पर नहीं। उनके स्केट के नीचे, दबाव के कारण बर्फ पिघलकर पानी बन जाती है।

9. कागज की कटोरी में पानी उबालो

तुम जानते हो कि कागज गरम करने से जल जाता है और उसे स्टोव या बर्नर की जलती लौ पर रखा जाए तो वह बहुत जल्दी आग पकड़ लेता है। इसके बावजूद तुम चाहो तो कागज की कटोरी में पानी उबाल सकते हो।

आओ, बताएँ कि तुम ऐसा किस प्रकार कर सकते हो। इसके लिए तुम्हें चाहिए एक मोटा, इतना बड़ा, कागज जिसे मोड़कर उसकी कटोरी बना सको, एक स्टोव अथवा बर्नर, पानी तो तुम्हारे पास है ही।

सबसे पहले कागज को मोड़कर उसकी कटोरी बना लो। उसके करीब आधे भाग को पानी से भर लो। फिर स्टोव जलाकर धीरे-से कटोरी को उस पर रख दो। पर इस बात का ध्यान अवश्य रखो कि स्टोव की लौ कटोरी के केवल उस भाग को ही छुए जो पानी के संपर्क में है—अन्य भागों को नहीं। तुम देखोगे कि पानी धीरे-धीरे गरम होता जाता है और गरम होकर वह उबलने भी लगता है पर कागज नहीं जलता।

अगर पूरा पानी उबलकर भाप बन जाने के बाद भी तुम कटोरी को गरम करोगे तो वह जल जाएगी। ऐसा क्यों होता है?

हर उस वस्तु को, जो जल सकती है, जलाने के लिए एक विशेष ताप तक गरम करना जरूरी होता है। जब तक वह ताप नहीं पहुँच जाता तब तक वह वस्तु नहीं जलती। कागज की कटोरी में पानी गरम करते समय कटोरी के नीचे लगनेवाली लौ की गरमी शीघ्र ही पानी ले लेता है और वह गरम होने लगता है। इससे कागज का ताप इतना ऊँचा नहीं हो पाता कि वह जल पाए। उस समय भी जब पानी उबलता है, यही

हालत रहती है। पर जब कटोरी में पानी नहीं बचता तब शीघ्र ही वह ताप पहुँच जाता है जिस पर कागज जल उठता है।

यही स्थिति उस समय होती है जब लौ कटोरी के उस भाग को छू जाती है जो पानी के संपर्क में नहीं होता। कागज एक कुचालक पदार्थ है और वह गरमी को जल्दी से एक भाग से दूसरे भाग को नहीं भेज पाता।

10. हथेली के आर-पार भी देख सकते हो !

तुम्हारी हथेली काँच की भाँति पारदर्शक वस्तु नहीं है– वह अपारदर्शी है। जब तुम अपनी हथेली को आँखों के आगे ले आते हो तब तुम उसमें से नहीं देख सकते। पर हम तुम्हें एक प्रयोग बताते हैं जिसमें तुम अपनी हथेली के आर-पार भी देख सकोगे (तुम्हें ऐसा प्रतींत होगा)।

इस प्रयोग के लिए चाहिए केवल एक बड़ा-सा कागज का टुकड़ा। इस टुकड़े को तुम नली के आकार में मोड़ लो। उसे एक हाथ से, उदाहरण के तौर पर बाएँ हाथ से, पकड़ लो। अपनी दाहिनी आँख बंद कर लो और बाईं आँख से नली में से दूर स्थित किसी वस्तु को देखो। फिर अपनी दाहिनी हथेली को अपनी दाहिनी आँख के इतने नजदीक ले आओ कि वह नली को छूने लगे। अब दाहिनी आँख खोल दो। ऐसा करने पर पाओगे कि तुम दाहिनी आँख से भी उस दूर स्थित वस्तु को साफ-साफ देख रहे हो।

इस प्रयोग में यह सावधानी बरतो कि तुम्हारे दोनों हाथ आँखों से लगभग 15-20 सेंटीमीटर दूर रहें।

ऐसा क्यों होता है ? वास्तव में ऐसा हमारी दृष्टि के स्वाभाविक गुण के कारण होता है। जब हम किसी वस्तु को देखते हैं तो हमारी दोनों आँखें उस पर फोकसित हो जाती हैं। ऐसा उस समय भी होता है जब हम अपनी एक आँख बंद कर लेते हैं। ऊपर के प्रयोग में तुम अपनी बाईं आँख से ही दूर स्थित किसी वस्तु को देख रहे थे। वह उस पर फोकसित थी। यद्यपि तुम्हारी दाहिनी आँख बंद थी, फिर भी वह स्वतः ही उस वस्तु पर फोकसित हो गई। जब तुम अपनी दाहिनी हथेली दाहिनी आँख के सामने लाए तो वह

बहुत धुँधली और अस्पष्ट दिखाई दी। उस समय तुम्हारी बाईं आँख दूर की वस्तु को स्पष्ट देख रही थी पर दाहिनी आँख हथेली को धुँधली और अस्पष्ट। इस स्थिति में तुम्हें ऐसा प्रतीत होने लगा कि तुम अपनी दाहिनी आँख से भी, हथेली के बजाय, दूर की वस्तु को ही देख रहे थे। प्रयोग के दौरान अगर तुम दाहिनी हथेली को देखने का प्रयत्न करते—अपनी दाहिनी आँख को हथेली पर फोकसित करते—तो तुम्हें हथेली अवश्य स्पष्ट दिखाई देती और दूर की वस्तु बहुत अस्पष्ट हो जाती क्योंकि न तो तुम्हारी हथेली में छेद है और न ही तुम उसके आर-पार देख सकते हो।

11. पिन कहाँ गई !

तुम अपने दोस्तों के सामने 'हाथ की सफाई' के अनेक प्रयोग दिखा सकते हो। ये सब विज्ञान के सरल सिद्धांतों पर आधारित होते हैं और चमत्कार प्रतीत होने पर भी वास्तव में चमत्कार नहीं होते। ऐसा ही एक प्रयोग हम तुम्हें बता रहे हैं।

एक समतल, गोल, कार्क का टुकड़ा लो। उसके केंद्र में एक पिन खड़ी कर दो। पिन खड़ी करते समय ध्यान रखो कि वह कार्क के तल पर एकदम सीधी (लंबवत्) रहे। अब कार्क को पानी से भरे धातु के एक कटोरे में, पिन को नीचे की ओर करके, तिरा दो। धातु के कटोरे की दीवारें अपारदर्शी होती हैं। अगर कार्क न तो बहुत बड़ा है और न छोटा, तब तुम कितनी ही कोशिशों के बावजूद पिन को नहीं देख पाओगे चाहे पिन कार्क के टुकड़े की तुलना में इतनी लंबी हो कि उससे छिप नहीं सके। बता सकते हो ऐसा क्यों होता है ?

पिन का अदृश्य हो जाना प्रकाश के अपवर्तन के नियमों पर आधारित है। इनके अनुसार जब प्रकाश एक माध्यम से दूसरे माध्यम में जाता है तो वह अपने पथ से विचलित हो जाता है, वह मुड़ जाता है। इसलिए अगर तुम पेंसिल के कुछ भाग को तिरछा पानी में डुबोते हो तो तुम्हें ऐसा प्रतीत होता है मानो पेंसिल पानी की सतह पर 'टूट' गई हो। वास्तव में प्रकाश-किरणें पेंसिल के पानी (अपेक्षाकृत अधिक सघन माध्यम) में डूबे भाग से हवा (कम सघन-विरल माध्यम) में आती हैं तो लंब से परे सरक जाती हैं। जब प्रकाश की ये किरणें हमारी आँख तक पहुँचती हैं तो हमें ऐसा प्रतीत होता है मानो पेंसिल टूट गई हो। हमें पेंसिल का जो 'टूटा' भाग दिखाई देता है वह उसका आभासी प्रतिबिंब होता है। अब अगर पानी (सघन माध्यम) से हवा (विरल माध्यम) में आनेवाली किरणों को तिरछा करते जाएँ—उनका आपतन कोण बढ़ाते

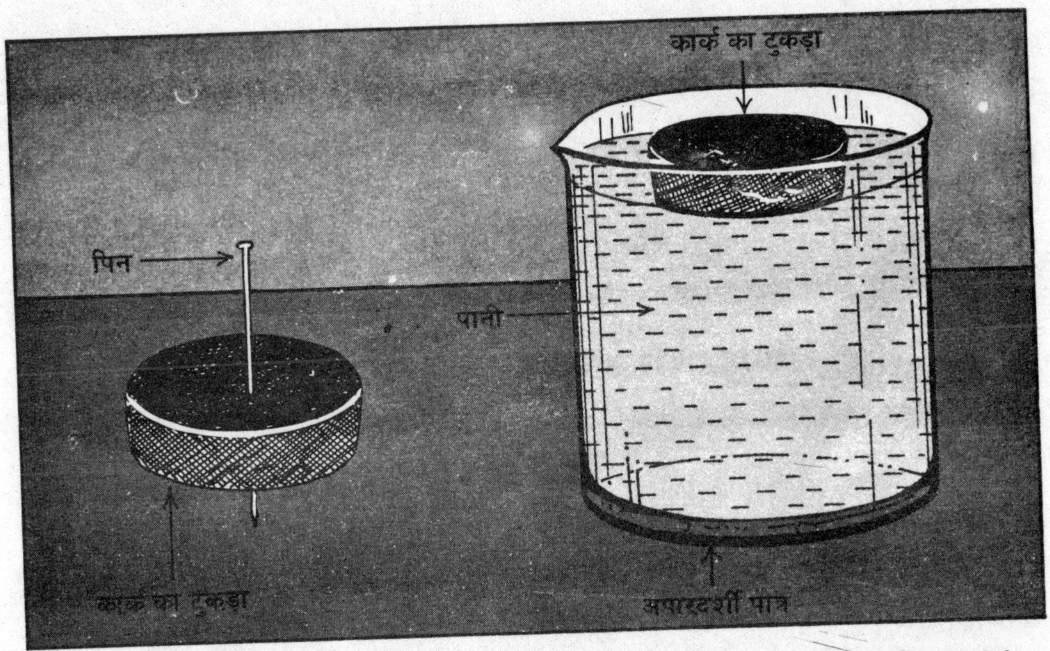

जाएँ—तो एक ऐसी स्थिति आ जाती है जब पानी से हवा में आनेवाली किरणें अपवर्तित होकर वापस पानी में ही चली जाती हैं—हवा में नहीं आतीं। इस घटना को प्रकाश का 'संपूर्ण आंतरिक परावर्तन' कहते हैं। कार्क में लगी पिन से हवा में आनेवाली प्रकाश किरणों के साथ भी ऐसा ही होता है। इसलिए तुम पिन को नहीं देख पाते।

यहाँ तुम्हें एक बात बता दें कि पानी में अंशतः डुबोने पर छड़ी जैसी वस्तु के मुड़ी दिखने से केवल बच्चे ही चकित नहीं होते, अर्नेस्ट रदरफर्ड जैसे महाम् वैज्ञानिक भी चकित हो गए थे। रदरफर्ड को एक तत्त्व के दूसरे में 'बदल' सकने (ट्रांसम्यूट) की खोज करने पर नोबेल पुरस्कार प्रदान किया गया था। जब वह बच्चे थे तब एक दिन नदी के किनारे घूमते-घूमते उन्होंने अपनी छड़ी पानी में डुबो दी। वह उन्हें 'टूटी हुई' प्रतीत हुई। उसे झट से बाहर निकाला। वह एकदम ठीक थी इसलिए उसे फिर से डुबोया। वह फिर 'टूट गई'। ऐसा उन्होंने कई बार किया। यह एक ऐसी घटना थी जिससे उन्हें अपने आस-पास होनेवाली घटनाओं को ध्यान से देखने और उन्हें समझने के लिए प्रयोग करने की प्रेरणा मिली।

प्रकाश के संपूर्ण आंतरिक परावर्तन के कारण ही मरुस्थल में 'पानी हिलोरें मारता हुआ दिखता है', तैराक को मछली हवा में 'तैरती हुई दिखती है' और गरमी के दिनों में दोपहर के समय हमें सड़क पर 'लहरें उठती हुई' दिखाई देती हैं।

12. अपना वजन करते समय सीधे खड़े रहो

जब तुम वजन करनेवाली मशीन पर खड़े होते हो तब कहा जाता है—"एकदम सीधे खड़े रहो,.हिलो-डुलो नहीं।" ऐसा क्यों कहा जाता है? क्या हिलने-डुलने से मशीन तुम्हारा वजन ठीक-ठीक नहीं दर्शाती ? हाँ ! वास्तव में ऐसा ही होता है। करके देख लो। इसके लिए तुम्हें केवल वजन करनेवाली एक मशीन चाहिए। अनेक शहरों में लोग सड़क के किनारे ऐसी मशीन लिए बैठे रहते हैं और थोड़े से पैसों के बदले किसी भी आदमी का वजन कर देते हैं।

तुम मशीन पर सीधे खड़े हो जाओ। अपने साथी से वजन नोट करने के लिए कहो। अब अपने शरीर के ऊपरी भाग को आगे की ओर झुकाओ। इस बार फिर तुम्हारा साथी वजन लेता है। वह पहले की अपेक्षा कम होता है।

फिर मशीन पर खड़े-खड़े ही अपनी एक भुजा को तेजी से ऊपर उठाओ। इस स्थिति में तुम्हारा वजन बढ़ा हुआ मिलेगा। ऐसा क्यों होता है?

जब तुम अपने शरीर के ऊपरी भाग को आगे की ओर झुकाते हो उस समय वे मांसपेशियाँ, जो ऐसा करने में मदद देती हैं, शरीर के निचले भाग को ऊपर तानती हैं। इससे मशीन पर दबाव कम हो जाता है। जब तुम अपनी भुजा तेजी से ऊपर उठाते हो तब ऐसा करनेवाली मांसपेशियाँ तुम्हारे कंधे को नीचे की ओर दबाती हैं। इससे मशीन पर दबाव बढ़ जाता है।

यहाँ न्यूटन का गति का तीसरा नियम लागू होता है। भुजा के एकाएक ऊपर उठने से होनेवाले परिवर्तन (उसके संवेग में होनेवाले परिवर्तन) को संतुलित करने के लिए नीचे की ओर गति होना जरूरी है। इससे मशीन पर अधिक दबाव पड़ने लगता है और वह अधिक वजन दर्शाने लगती है।

वास्तव में ऊपर की परिस्थितियों में वजन को उस दबाव के रूप में माना गया है जो तुम्हारा शरीर मशीन पर डालता है।

एक और बात भी तुम्हें बतानी जरूरी है। इन सब परिस्थितियों में तुम्हारे शरीर के द्रव्यमान (मास) में कोई परिवर्तन नहीं होता–केवल तुम्हारे वजन में परिवर्तन होता है। द्रव्यमान तुम्हारे शरीर के द्रव्य की कुल मात्रा है जबकि वजन वह बल है जिससे तुम्हारा शरीर पृथ्वी के केंद्र की ओर आकर्षित होता है। तुम्हारे द्रव्यमान में न तो चाँद पर कोई अंतर आएगा और न बृहस्पति पर; जबकि तुम्हारा वजन चाँद पर केवल 1/6 भाग रह जाएगा और बृहस्पति पर लगभग 25 गुना हो जाएगा।

13. कच्चे और उबले अंडों में अंतर

जो लोग अंडों का व्यापार करते हैं वे अपनी सहज बुद्धि से एकदम बता देते हैं कि उनके हाथ में जो अंडा है वह कच्चा है या उबला हुआ। पर आम लोगों के लिए यह अंतर करना कठिन होता है। भौतिकी के एक सरल सिद्धांत का उपयोग करके तुम भी आसानी से कच्चे और उबले अंडों में अंतर कर सकते हो। इसके लिए तुम्हें एक-एक कच्चे और उबले अंडों के अतिरिक्त केवल एक बड़ी प्लेट ही चाहिए।

पहले उबले अंडे को लो। उसे प्लेट पर रखकर दो उँगलियों से पकड़कर तेजी से घिरनी की तरह घुमाओ। वह तेजी से घूमने लगेगा और देर तक घूमता रहेगा। फिर कच्चे अंडे को इसी प्रकार घुमाओ। वह कठिनता से घूमेगा और धीमे व थोड़ी देर तक घूमेगा।

इसके अतिरिक्त अगर तुम घूमते हुए उबले अंडे को रोकने की कोशिश करते हो तब वह एकदम रुक जाएगा। पर कच्चे अंडे को रोकने पर वह पलभर को रुकेगा और उँगली हटाते ही फिर थोड़ा-सा घूमने लगेगा।

इस तरह तुम किसी भी अंडे को घुमाकर यह बता सकते हो कि वह कच्चा है या उबला हुआ। पर ऐसा होता क्यों है? इसका मुख्य कारण है जड़त्व। तुम जानते हो कि कच्चे अंडे में द्रव (जीव द्रव) भरा होता है जिससे बाद में चूजा बन सकता है। पर अंडे को उबालने पर, खास तौर से उसे पूरी तरह उबालने पर वह द्रव ठोस बन जाता है। कच्चे अंडे को घुमाने पर उसके अंदर भरा द्रव तुरंत घूर्णन गति प्राप्त नहीं करता। साथ ही, जड़त्व के कारण वह ऊपरी कठोर खोल को भी घूमने से रोकने का प्रयत्न करता

है। वह इस प्रकार कार्य करता है मानो ऊपरी खोल पर ब्रेक लगा रहा हो। इसके विपरीत उबले अंडे का आंतरिक पदार्थ एक ठोस पिंड हो जाता है। वह खोल को घूमने से रोकने की कोशिश नहीं करता।

जब तुम घूमते हुए कच्चे अंडे को रोकने का प्रयत्न करते हो उस समय भी जड़त्व के फलस्वरूप वह उँगली के हटते ही फिर से घूमने लगता है। उसका भीतरी द्रव उस समय भी घूमता रहता है जब बाहरी खोल रुक जाता है। यह गुण ही उँगली हटते ही उसे फिर से घुमाने लगता है। पर उबले अंडे का भीतरी पदार्थ बाहरी खोल के साथ ही रुक जाता है।

14. शहद गिराओ—तमाशा देखो

तुम सब बच्चों के घरों में शहद जरूर होगा और तुमने उसे बोतल में से निकाला भी होगा। उसे निकालते समय तुमने देखा होगा कि गिरने से पहले शहद की बूँदें काफी लंबी हो जाती हैं और जब तुम शहद निकाल लेने के बाद गिरती हुई बूँद को किसी चाकू जैसी पतली वस्तु से पोंछते हो तो वे बूँदें जो बोतल के मुँह से गिरनेवाली होती हैं, अपने-आप वापस चली जाती हैं। अगर तुमने इस घटना को गौर से नहीं देखा है तो अब प्रयोग करके देख लो।

इसके लिए एक जार में थोड़ा-सा शहद, पतले फलवाला चाकू और एक अन्य पात्र चाहिए जिसमें शहद निकालना हो (शहद को बरबाद नहीं करना है। वह एक महँगी और उपयोगी वस्तु है)। अब जार में से धीरे से शहद को पात्र में गिराओ। गिरते हुए शहद की धार बन जाती है। जार से कुछ दूरी पर धार में चाकू का पतला फल घुसा दो। ऐसा करने पर तुम्हें एक मजेदार घटना दिखाई देती है। चाकू के ऊपर धार सिकुड़ जाती है और शहद वापस जार में चला जाता है। इस प्रयोग में यह सावधानी बरतनी है कि शहद को जल्दी से न गिराओ—बस टपकने-भर दो।

कुछ बच्चे यह पूछ सकते हैं कि चाकू का फल घुसा देने पर शहद वापस क्यों चला जाता है? वह गुरुत्व के फलस्वरूप ऊपर से नीचे की ओर आ रहा था। फिर एकाएक गुरुत्व के विपरीत क्यों कार्य करने लगा?

द्रवों में एक विशेष गुण होता है। उनकी ऊपरी सतह के अणुओं में निहित ऊर्जा उस सतह के क्षेत्रफल को कम-से-कम करने का प्रयत्न करती है। इससे ऊपरी सतह पर एक तनाव पैदा हो जाता है और सतह एक तनी हुई झिल्ली की भाँति कार्य करने लगती

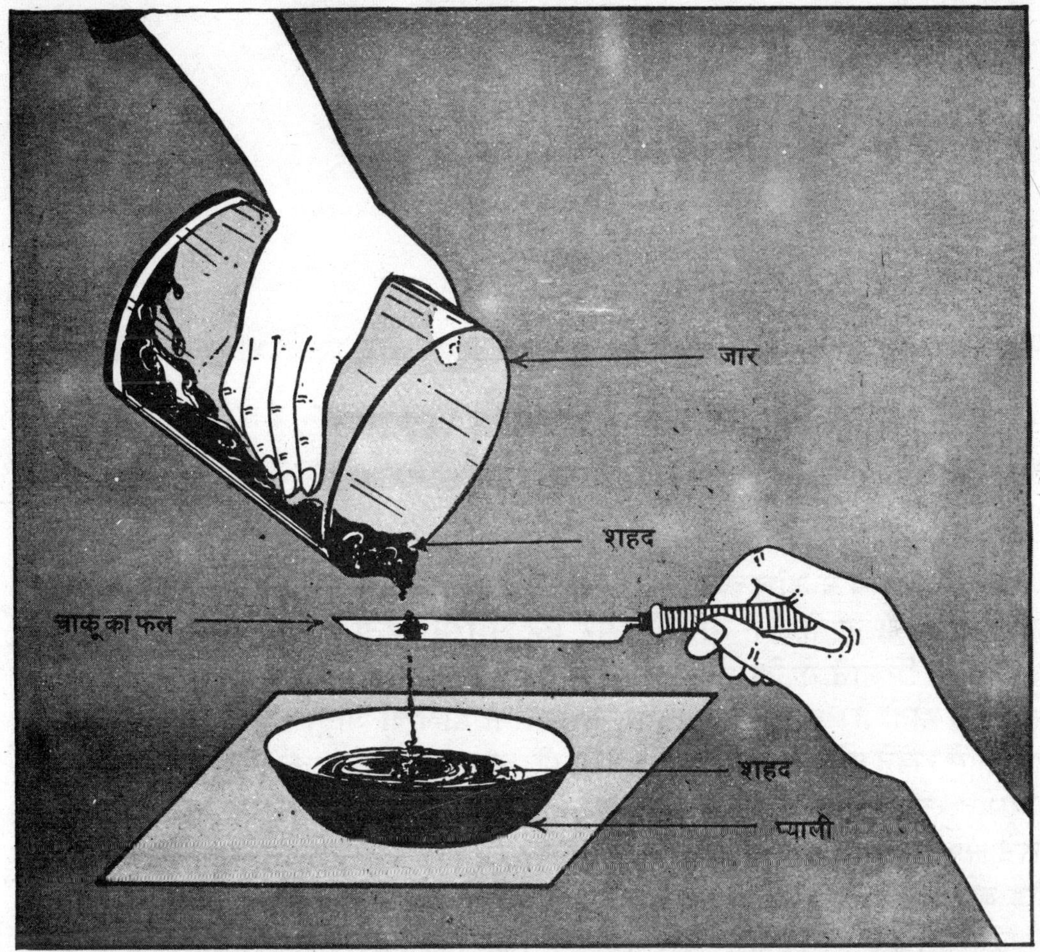

है। इस तनाव को पृष्ठ तनाव (सरफेस टेंशन) कहते हैं। द्रव को उड़ेलने पर यह तनाव द्रव को गिरने से रोकता है। पर जब गिरनेवाले द्रव का वजन तनाव के खिंचाव से अधिक हो जाता है तब द्रव गिरने लगता है। शहद के साथ भी ऐसा ही होता है। जब गिरनेवाले शहद का वजन पृष्ठ तनाव के खिंचाव से ज्यादा होने लगता है तब उसकी बूँद लंबी होने लगती हैं और नीचे गिर जाती हैं। चाकू से धार को काटने पर उसके (चाकू के) ऊपर शहद का वजन कम हो जाता है। अगर धार को जार के मुँह से अधिक दूरी पर नहीं काटा जाता तब शहद का पृष्ठ तनाव गुरुत्व के आकर्षण से पार पाने के लिए काफी होता है और चाकू के ऊपर के शहद को वापस खींच लेता है।

पृष्ठ तनाव के फलस्वरूप ही तालाब आदि में झींगुर जैसे छोटे-छोटे कीड़े पानी की सतह पर फुदकते रहते हैं। वे डूबते नहीं हैं।

15. चाय के गिलास में चम्मच

चाय की दुकान में काँच के गिलास में गरम चाय डालने से पहले अकसर गिलास में चम्मच रख दी जाती है। आमतौर पर यह समझा जाता है कि चम्मच चाय को भली-भाँति मिलाने के लिए रखी जाती है। पर चाय तो पहले से ही अच्छी तरह से मिली हुई होती है। बनाते समय ही उसमें चीनी डाल दी जाती है। फिर चम्मच को गिलास में रखने का मतलब क्या है? साथ ही, वह चम्मच धातु की होती है। आमतौर से चायवाला इस बात को समझा नहीं पाता। वह अनजाने ही ऐसा कर देता है क्योंकि उसने अपने साथी चायवालों को ऐसा करते देखा है। काँच के गिलास में गरम चाय (या कोई अन्य गरम द्रव) डालने से पहले धातु की चम्मच रखने का एक विशेष उद्देश्य है। उसे समझने के लिए तुम भी प्रयोग कर सकते हो। इसके लिए चाहिए काँच के दो गिलास, बहुत गरम पानी और धातु की एक चम्मच।

एक गिलास में चम्मच रख दो। अब दोनों गिलासों में उबलता हुआ पानी डालो और दोनों गिलासों को ध्यान से देखो। ऐसा हो सकता है कि जिस गिलास में चम्मच नहीं है वह चटक जाए जबकि दूसरा गिलास सही-सलामत रहे। इसका कारण क्या है?

काँच एक कुचालक पदार्थ है। गरमी पाने से वह असमान रूप से फैलता है। उसका वह भाग जो गरम हो जाता है तेजी से फैलने की कोशिश करता है जबकि अन्य भाग धीमी गति से। फैलने की अलग-अलग गतियों के परिणामस्वरूप ही गिलास चटक जाता है। जिस गिलास में धातु की चम्मच पड़ी होती है उसमें चाय की गरमी की काफी मात्रा चम्मच ले लेती है। इससे चाय का ताप कम हो जाता है। उसके संपर्क में आनेवाला काँच इतना नहीं फैलता कि चटक जाए।

इस बारे में यह भी उल्लेखनीय है कि पतले काँच से बना गिलास उतनी जल्दी नहीं चटकता जितनी जल्दी मोटे काँच से बना गिलास।

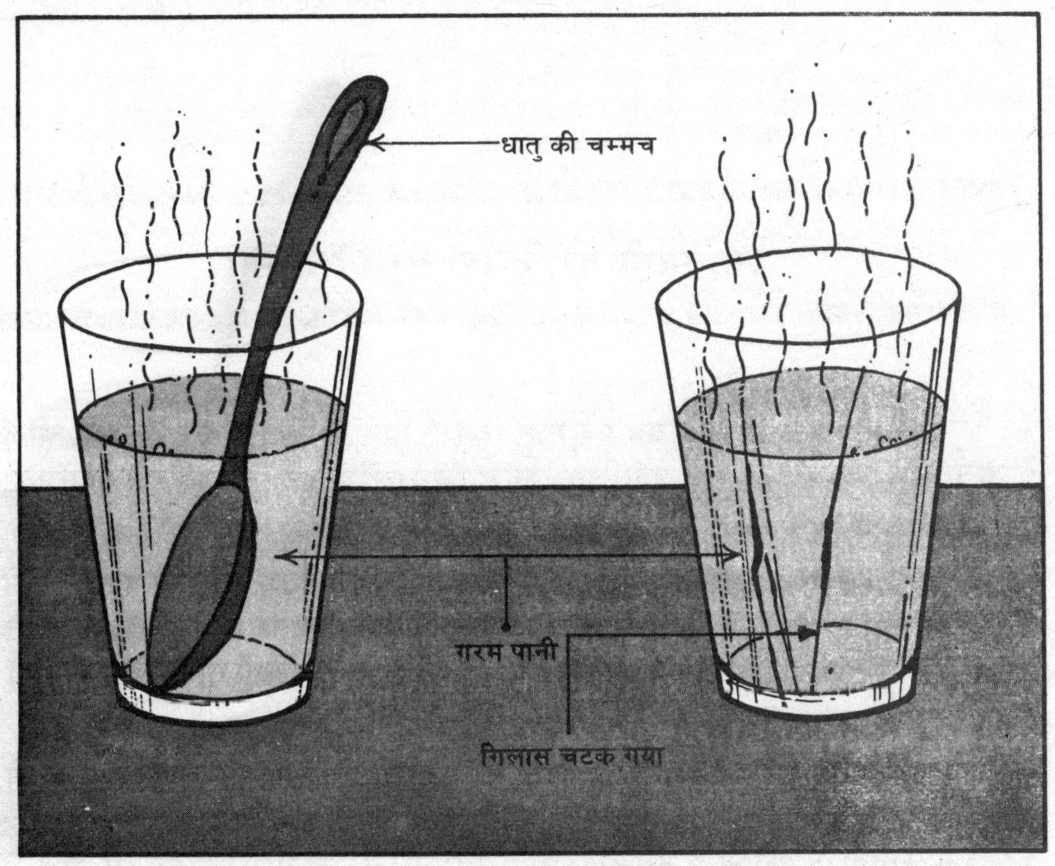

16. पानी पर रेजर-ब्लेड तिराना

तुम चाहो तो पानी की सतह पर रेजर-ब्लेड, पिन, सूई, पेपर क्लिप जैसी चीजें आसानी से तिरा सकते हो। इसके लिए तुम्हें इन वस्तुओं के अतिरिक्त एक डिश में ठंडा पानी और खाना खाने का एक काँटा चाहिए।

पहले इन वस्तुओं को अपनी उँगलियों से रगड़ लो। फिर इनमें से किसी वस्तु को काँटे पर रखकर उसे धीरे से डिश में भरे ठंडे पानी की सतह पर छोड़ दो और बहुत धीरे से काँटा सरका लो। वह पानी की सतह पर तिरने लगेगी, डूबेगी नहीं। ऐसा क्यों होता है?

जब तुमने इन वस्तुओं को अपनी उँगलियों से रगड़ा तो उँगलियों से उन पर तेल की बहुत हलकी परत चढ़ गई। फिर इन्हें काँटे की मदद से धीरे-से पानी की सतह पर छोड़ने से पानी के अणुओं के ससंजक (कोहेसिव) बल ने इन्हें साध लिया। तुम थोड़े-से अभ्यास के बाद इन्हें काँटे के बिना भी, धीरे-से, पानी की सतह पर छोड़ सकते हो।

इस प्रयोग में हमने तुमसे ठंडा पानी लेने के लिए जान-बूझकर कहा था क्योंकि ठंडे पानी का ससंजक बल अधिक होता है। अगर तुम गरम, उबलते हुए पानी के साथ यह प्रयोग करो तब रेजर-ब्लेड, पिन, सूई अथवा क्लिप डूब जाएँगी क्योंकि गरमी पानी का ससंजक बल कम कर देती है।

अगर तुम पानी में डिटरजेंट अथवा साबुन के घोल की एक बूँद डाल देते हो तब भी ये वस्तुएँ डूब जाएँगी। डिटरजेंट और साबुन के अणु पानी और अन्य वस्तुओं के बीच आसंजक (एडहेसिव) बल बढ़ा देते हैं। इससे पानी उन्हें गीला कर देता है। साथ ही

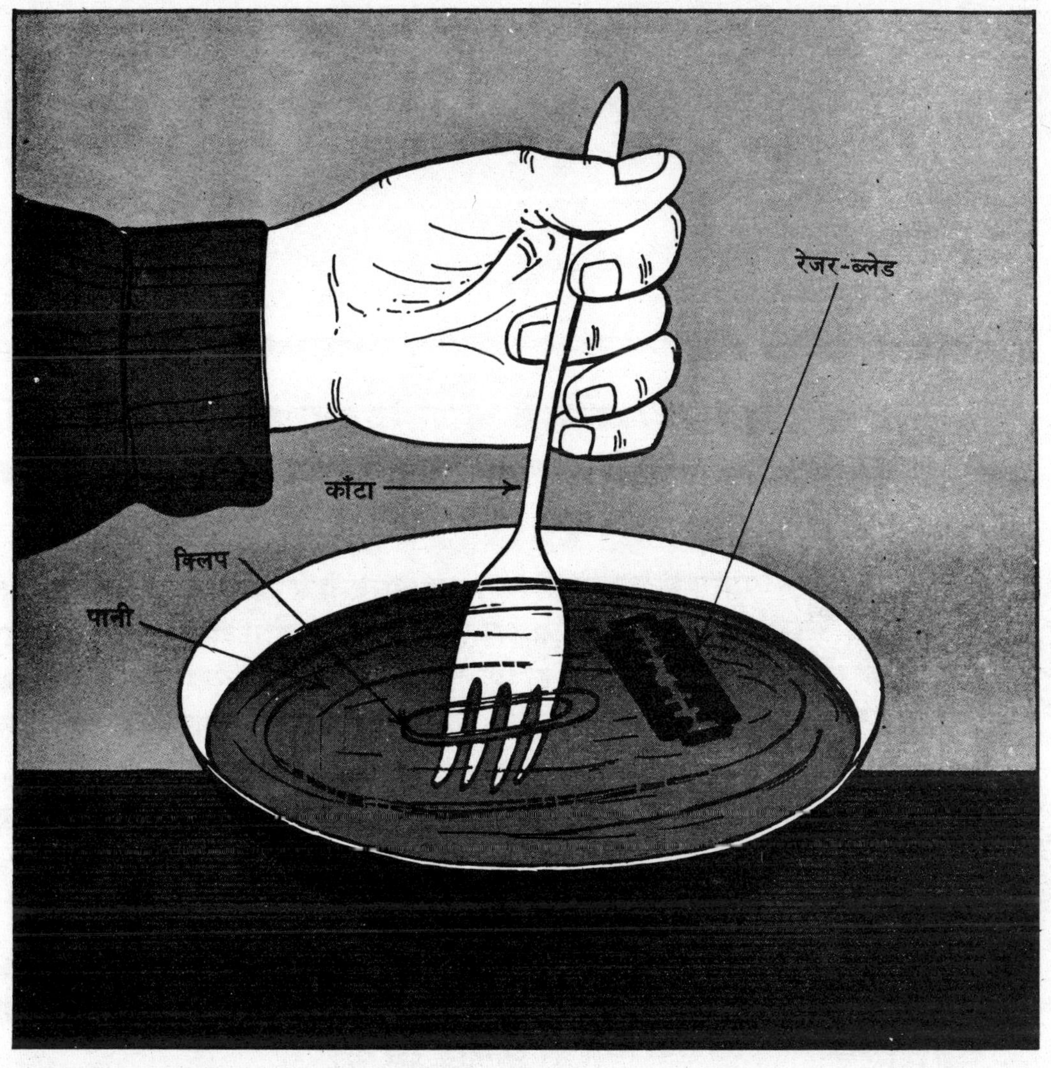

डिटरजेंट और साबुन पानी के ससंजक बल को घटा भी देते हैं। इस बारे में तुम एक और मनोरंजक प्रयोग कर सकते हो।

उस पानी की सतह पर जिस पर छोटे-छोटे कीड़े फुदक रहे हों, थोड़ा-सा डिटरजेंट या साबुन का घोल डाल दो। इसके तुरंत बाद ये कीड़े पानी की सतह को भेदकर पानी के नीचे चले जाएँगे।

अब यदि तुम मिट्टी के तेल या अल्कोहल की सतह पर ब्लेड, सूई आदि तिराने की कोशिश करोगे तब भी वे डूब जाएँगी क्योंकि इन द्रवों के अणुओं का ससंजक बल इतना अधिक नहीं होता जितना पानी का।

17. अंडे में चूजा दिखाना

हमने तुम्हें एक प्रयोग बताया था जिससे तुम आसानी से यह जान सकते हो कि अंडा कच्चा है या उबला हुआ। अब तुम्हें अंडे से संबंधित एक प्रयोग और बताएँ। इससे तुम दर्शकों को यह आभास दिला सकते हो कि अंडे के अंदर 'चूजा बैठा है'। मजेदार बात यह कि इसके लिए तुम्हें ऐसा अंडा लेने की जरूरत नहीं होगी जिसमें चूजा हो। उसके स्थान पर कोई भी अंडा लिया जा सकता है। यह प्रकाश और छाया का प्रयोग है।

इसके लिए तुम्हें चाहिए सफेद कपड़े का एक बड़ा परदा, दो ऐसे बड़े लैंप जैसे फोटोग्राफरों के पास होते हैं, एक अंडा, गत्ते पर बना चूजे का चित्र तथा दो स्टैंड जिन पर अंडे और चूजे की आकृति को टिकाया जा सके।

पहले चूजे के चित्र के आसपास का गत्ता काट दो, सिर्फ उसकी आकृति भर रहने दो। फिर परदा टाँग दो तथा लैंप और स्टैंड चित्र में दिखाए गए तरीके से जमा लो। एक स्टैंड पर अंडा और दूसरे पर चूजे की आकृति रख दो।

अब तुम अपने दर्शक मित्रों को परदे के दूसरी ओर बैठने के लिए कहो। जब वे बैठ जाएँ तो उन्हें बातों में उलझाकर यह बताने की कोशिश करो कि तुम उन्हें एक्स-किरणों की मदद से अंडे में पल रहे चूजे का चित्र दिखाओगे। क्षण-भर बाद तुम्हारे मित्रों को परदे पर वास्तव में अंडे का छाया चित्र (सिलुएट) दिखाई देने लगता है और उसके अंदर चूजा (उसकी छाया) स्पष्ट दिखाई देता है। उन्हें ऐसा लगता है मानो वे अंडे में बैठे चूजे का एक्स-किरण चित्र देख रहे हों। ऐसा कैसे होता है?

जब तुम दाहिनी ओर का लैंप जलाते हो तब उसकी किरणों के मार्ग में चूजे की आकृति आ जाती है। इससे उसकी छाया (सिलुएट) परदे पर बन जाती है। साथ ही

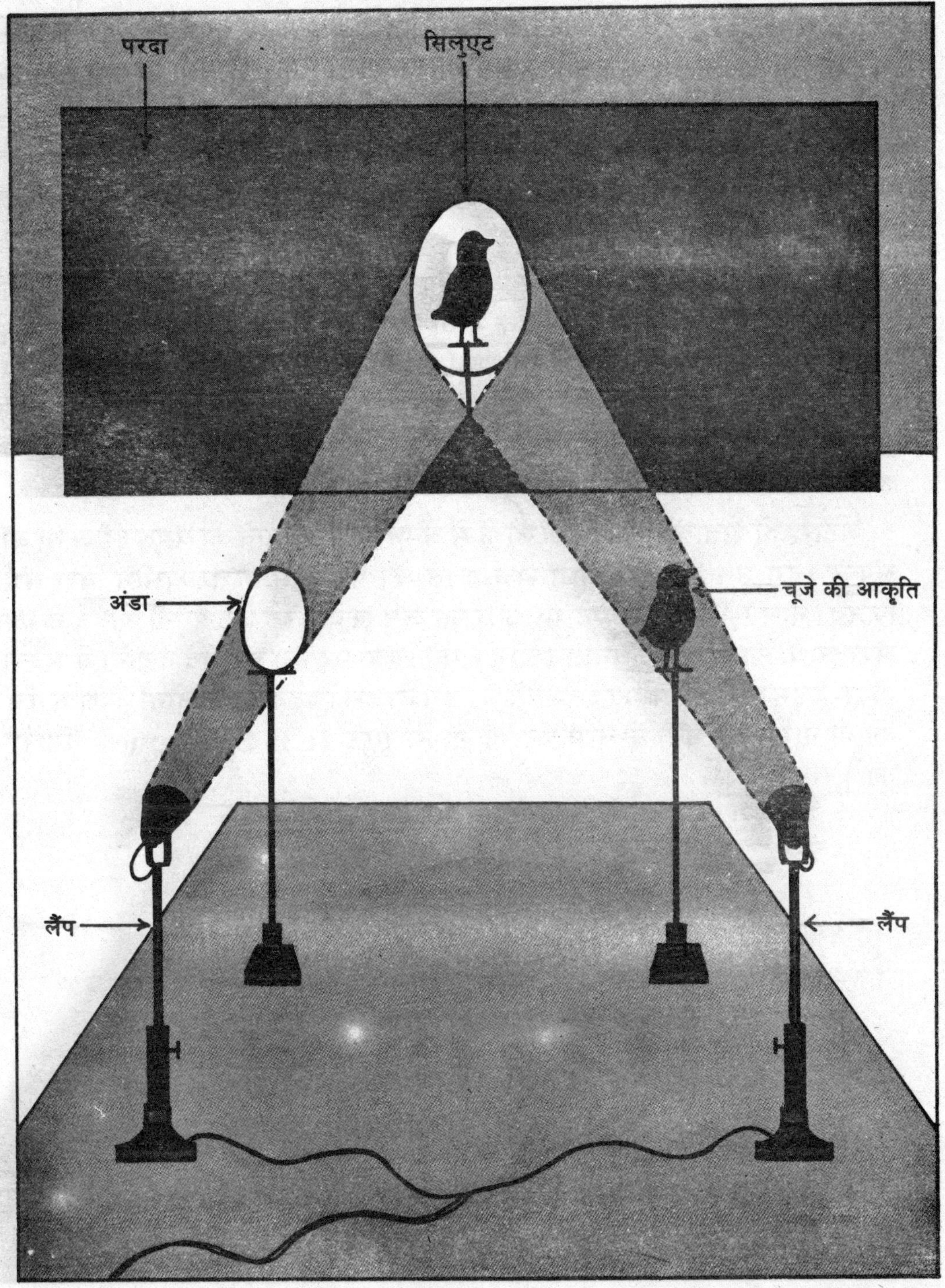
परदा
सिलुएट
अंडा
चूजे की आकृति
लैंप
लैंप

अंडे की छाया का कुछ भाग भी प्रकाशवान हो जाता है। इसलिए बाईं ओर के लैंप से अंडे की जो सिलुएट परदे पर बनती है वह उतनी काली नहीं रह पाती जितनी होनी चाहिए। पर जिस स्थान पर चूजे की सिलुएट बनती है वहाँ न तो बाएँ लैंप का प्रकाश पड़ता है और न दाहिने लैंप का। इससे वह अधिक स्पष्ट हो जाती है और पर्दे के दूसरी ओर बैठे दर्शकों को ऐसा प्रतीत होता है मानो वे अंडे के अंदर के चूजे का एक्स-किरण चित्र देख रहे हों।

यहाँ तुम्हें एक और मनोरंजक बात बताएँ—'सिलुएट' शब्द की उत्पत्ति के बारे में। अठारहवीं शताब्दी के मध्य तक न तो कैमरे का आविष्कार हुआ था और न ही फोटोग्राफिक फिल्म का। उस समय तक चित्रकार ही लोगों के चित्र बनाया करते थे। उन पर बहुत लागत आती थी। इसलिए केवल धनवान व्यक्ति ही अपने चित्र बनवा पाते थे। बाद में चित्रकार लोगों के छाया-चित्र बनाने लगे। ये आसानी से बन जाते थे। इसलिए इनको बनाने की लागत भी काफी कम आती थी।

अठारहवीं शताब्दी में फ्रांस के लोगों में अपने चित्र बनवाने का बहुत शौक था और संपन्न लोग उन पर बहुत पैसा खर्च करते थे। पर फ्रांस के तत्कालीन वित्त मंत्री, जिनका नाम एथेन दे सिलुएट था और जो कम खर्च करने की अपनी आदत के लिए मशहूर थे, चाहते थे कि धनवान लोग अपने चित्रों पर धन बरबाद न करें। वे अकसर ही उन्हें इस बारे में उपदेश देते रहते थे। इस बात से चिढ़कर उन लोगों ने छाया-चित्र का ही नाम वित्त मंत्री के नाम पर 'अ ला सिलुएट' (a la Silihoutte—'सिलुएट का') रख दिया।

18. कंघा और पानी की धार

गरमी के सूखे मौसम में तुम एक सरल प्रयोग कर सकते हो। जब तुम्हारे बाल पूरी तरह सूखे हों तब प्लास्टिक के एक कंघे से उन्हें सँवारो। फिर इस कंघे को पानी के नल की टोंटी के पास ले जाओ। टोंटी को थोड़ा-सा खोल दो जिससे पानी बूँद-बूँद करके ही गिरे। कंघे को पानी के पास ले जाओ पर उससे छुआओ नहीं। तुम देखोगे कि बूँदें धार में बदल जाती हैं। साथ ही धार कंघे से परे हट जाती है। क्या यह चमत्कार नहीं है?

नहीं! जब तुम अपने सूखे बालों में कंघा करते हो तब बाल और कंघे के आपसी घर्षण से क्षीण विद्युत आवेश पैदा हो जाता है। वह कंघे पर भी आ जाता है। कंघे को पानी की बूँदों के निकट ले जाने से बूँदों के अणुओं पर वह आवेश प्रेरित हो जाता है। इससे पानी के पृष्ठ तनाव में परिवर्तन हो जाता है जिसके फलस्वरूप बूँदों से धार बन जाती है। साथ ही कंघे को स्थिर रखने पर समान आवेश से प्रेरित उस धार को कंघे से दूर हटना पड़ता है।

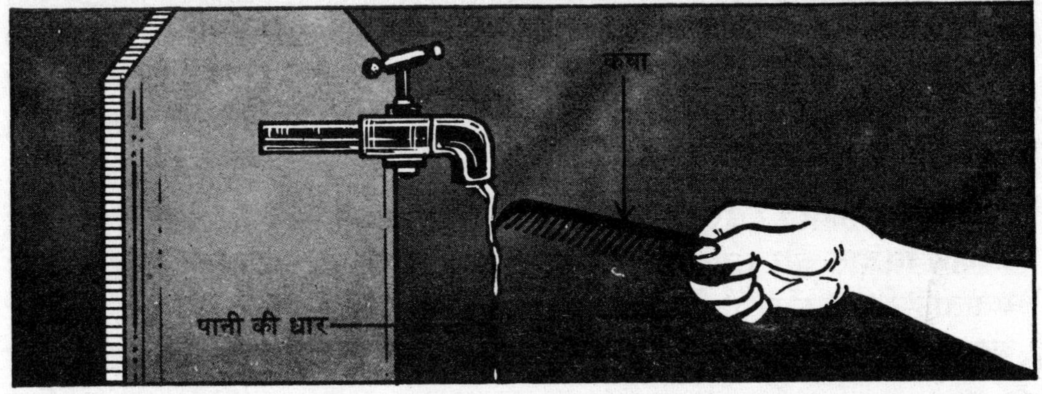

19. पहले को मारा—आखिरी उछला

बच्चों को अकसर (गलत) शिकायत रहती है कि उन्हें अनेक बार किसी और की गलती का दंड भुगतना पड़ता है। उनके माता-पिता या शिक्षक को किसी कारण से गुस्सा आया होता है। यदि उस समय दुर्भाग्य से वे (बच्चे) सामने आ जाते हैं तो उन्हें ही फटकार पड़ जाती है। हम तुम्हें बताएँ कि ऐसा भाग्यवशात् ही होता है। कोई व्यक्ति बच्चों को बिना कसूर के दंड नहीं देता। वह उनकी भलाई के लिए ही उन्हें डाँटता या मारता है।

वैसे तुम्हें इस बारे में एक प्रयोग बताएँ। इसमें एक सिक्के पर चोट मारी जाती है पर उसका असर आखिरी (किसी और) सिक्के पर पड़ता है। वह सिक्का उछलकर गिर पड़ता है।

इसके लिए एक रुपएवाले आठ-दस सिक्के ले लो। पर सब सिक्के एक जैसे हों, यानी सब-के-सब नए सिक्के हों अथवा पुराने। उन्हें एक मेज पर खड़े करके, एक-दूसरे से सटाकर, एक कतार में जमा दो। अब पहले सिक्के को उँगलियों से हलके से पकड़कर, उसके किनारे पर रूलर जैसी किसी चीज से तेजी से चोट मारो। तुम देखोगे कि सब सिक्के तो अपने स्थानों पर रहते हैं पर आखिरी सिक्का उछलकर दूर जा गिरता है।

ऐसा क्यों होता है? इसमें भौतिकशास्त्र के दो सिद्धांत कार्यरत हैं। ये हैं ऊर्जा का संरक्षण सिद्धांत और संवेग का संरक्षण सिद्धांत। ऊर्जा का संरक्षण सिद्धांत हमें यह बताता है कि ऊर्जा न तो पैदा की जा सकती है और न नष्ट की जा सकती है। उसका केवल रूप बदला जा सकता है। जब हम ऊर्जा पैदा करने की बात करते हैं तब वास्तव

में ऊर्जा को उस रूप में बदलने का प्रयत्न करते हैं जिसमें हम उसे इस्तेमाल कर सकें। जैसे गिरते हुए पानी में उपस्थित ऊर्जा को बिजली में बदल लेना।

किसी वस्तु का संवेग बराबर होता है उसके द्रव्यमान और वेग के गुणनफल के। बंदूक से निकली गोली इसलिए ठोस वस्तुओं को चीरती हुई चली जाती है क्योंकि उसका वेग बहुत अधिक होता है। अगर उसका वेग इतना अधिक न हो तो वह किसी वस्तु के अंदर घुस नहीं सकती। ऊर्जा की भाँति ही संवेग को भी नष्ट नहीं किया जा सकता, दूसरी वस्तुओं को स्थानांतरित ही किया जा सकता है।

अब इन सिद्धांतों के आधार पर लचीली चीजों में होनेवाली टक्कर को समझने की कोशिश करें। उससे सिक्के के उछलने की क्रिया को अधिक आसानी से समझा जा सकता है। जब तेज गति से आती हुई लचीली गेंद किसी स्थिर लचीली गेंद से टकराती है तो पहले, बहुत थोड़े समय के लिए, वे एक-दूसरे को दबाती हैं। दबाव के बहुत अधिक हो जाने पर गेंदें विपरीत दिशाओं में एक-दूसरे को धकेलना शुरू कर देती हैं। इससे पहली गेंद रुक जाती है पर दूसरी गेंद चलने लगती है। दूसरे शब्दों में, पहली गेंद का संवेग दूसरी गेंद को स्थानांतरित हो जाता है।

यही बात सिक्कों पर भी लागू होती है। पहले सिक्के पर जब चोट लगती है तब वह गति करने लगता है। वह अपने पास के सिक्के से टकराता है। इससे वह स्वयं रुक जाता है पर अपनी गति उसे दे देता है। इस प्रकार हर सिक्का अपने निकट के सिक्के को गति देता जाता है (यद्यपि अनेक कारणों से यह गति कम होती चली जाती है)। कतार का अंतिम सिक्का किसी और को अपनी गति नहीं दे पाता, इसलिए वह स्वयं उछल जाता है।

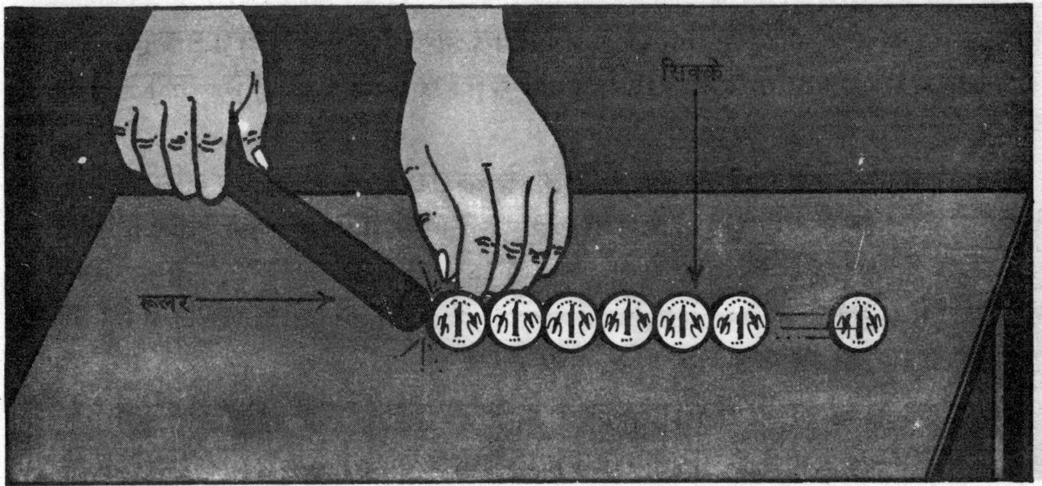

20. फूँकने पर मोमबत्ती न बुझे

जलती मोमबत्ती को बुझाने के लिए अकसर तुम उसकी लौ पर फूँक मारते हो। अगर फूँक जोर से मारते हो तो मोमबत्ती बुझ जाती है। (वैसे वैज्ञानिक इस घटना को भी बहुत महत्त्व देते हैं कि जब हम फूँक मारते हैं तब जलती मोमबत्ती को और अधिक ऑक्सीजन देते हैं। फिर वह और तेजी से जलने के स्थान पर बुझ क्यों जाती है?) हम फूँक द्वारा जो हवा बाहर निकालते हैं उसमें ऑक्सीजन लगभग 16 प्रतिशत, कार्बन डाइऑक्साइड 4 प्रतिशत, थोड़ी-सी भाप तथा शेष भाग नाइट्रोजन होती है।

अगर तुम कीप की नली में से फूँक मारकर जलती मोमबत्ती को बुझाने की कोशिश करते हो तब क्या होता है? यह जानने के लिए तुम्हें केवल दो चीजें चाहिए—एक कीप और जलती हुई मोमबत्ती। मोमबत्ती को ऐसी जगह रख लो जहाँ उसे हवा का झोंका नहीं लगे। अब कीप की नली को मुँह में रखकर जलती हुई मोमबत्ती पर फूँक मारो। ऐसा करने से लौ बुझती नहीं वरन् कीप के मुँह की ओर खिच आती है। ऐसा क्यों होता है?

जब तुम कीप में हवा फूँकते हो तब कीप के किनारों पर हवा का वेग अधिक होता है, बीच में कम। इससे बरनोली के सिद्धांत के अनुसार किनारों पर हवा का दबाव कम रहता है, बीच में अधिक। पर कीप से बाहर हवा का दबाव अपेक्षाकृत अधिक होता है। इसलिए हवा बाहर से कीप के मध्य भाग की ओर बहने की कोशिश करती है। इससे मोमबत्ती की लौ भी उस ओर झुक जाती है।

अब इस शंका का भी समाधान कर दें जो ऊपर उठाई गई है। जलती हुई मोमबत्ती को फूँक मारकर बुझाने में न्यूटन के शीतलन नियम लागू होते हैं। फूँक मारकर हम लौ

के आस-पास की गरम हवा को हटा देते हैं और उसके स्थान पर ठंडी हवा ले आते हैं। इस प्रकार मोम की वाष्प (वह ही लौ के रूप में जलती है) का ताप कम कर देते हैं। वह इतना कम हो जाता है कि मोम-वाष्प जल नहीं पाती। साथ ही फूँक मारने से मोम-वाष्प का आकार बढ़ जाता है। इससे भी मोम-वाष्प जल्दी ठंडी होने लगती है।

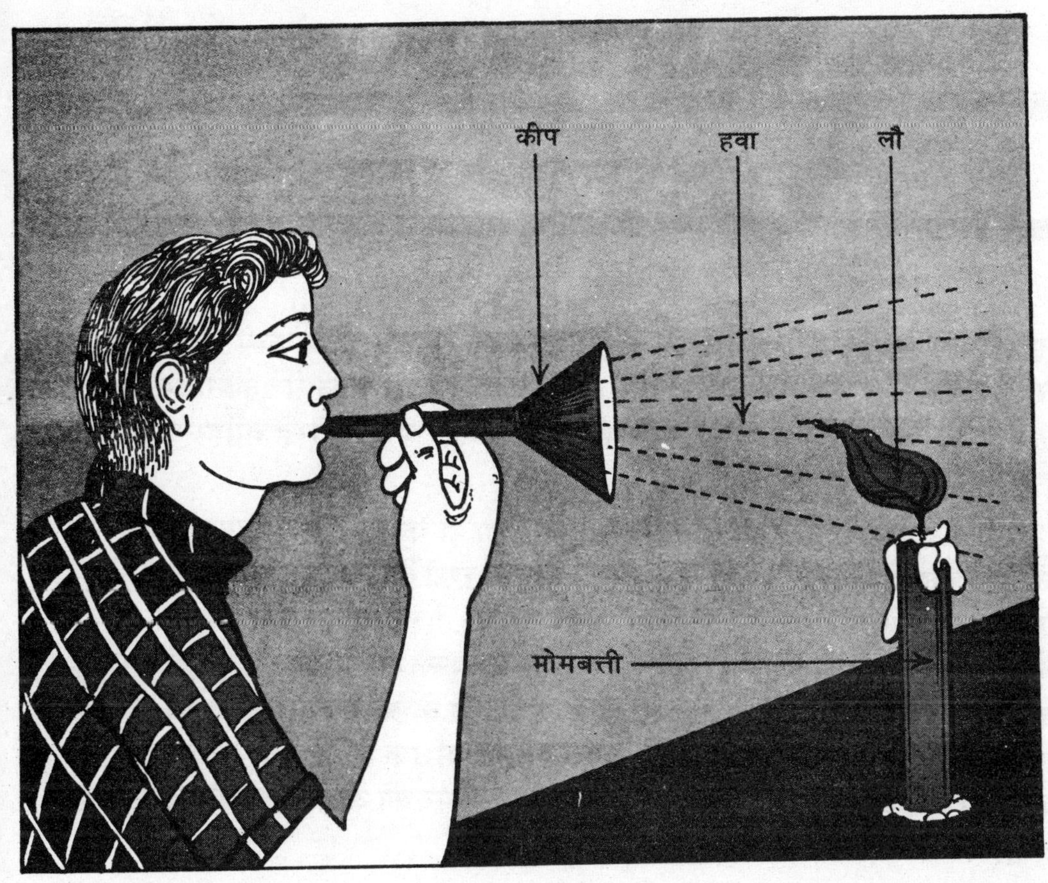

21. फूँक मारो—कागज तैरे

इस प्रयोग को करने के लिए तुम्हें चाहिए धागे लपेटने की एक चकली, कड़ा कागज और एक पिन। जब तुम बाजार से धागा खरीदते हो तब आमतौर से दुकानदार लकड़ी की छोटी चकली पर लिपटा हुआ धागा ही देता है। वही चकली तुम्हें चाहिए पर बिना धागा लिपटी यानी खाली।

पहले कड़े कागज में से एक बड़ा, वृत्ताकार टुकड़ा काट लो। फिर उसके केंद्र पर पिन खड़ी कर दो। उस पिन पर चकली इस प्रकार रखो कि पिन चकली के छेद में आ जाए। अब इस पूरी व्यवस्था को हाथ से पकड़ लो। ऐसा करने से कागज का टुकड़ा नीचे की ओर गिरने की कोशिश करेगा। जल्दी से चकली के छेद के ऊपरी सिरे पर मुँह रखकर अंदर की ओर जोर से हवा खींचो। इससे छेद के अंदर वायु का दबाव कम हो जाएगा। कागज के नीचे की वायु जिसका दबाव अधिक है, छेद के अंदर जाने का प्रयत्न करेगी। अपने इस प्रयत्न में वह कागज को ऊपर की ओर धकेलेगी। इससे वह चकली के निचले सिरे से चिपक जाएगा।

पर यदि तुम चकली के छेद में फूँक मारो तो क्या होता है? क्या कागज गिर जाता है? नहीं। वह फिर भी चकली के निचले सिरे के पास रहता है। वह गुरुत्व के विपरीत वायु में तिरता रहता है। इसका कारण क्या है?

जब तुम छेद में हवा फूँकते हो तब वायु कागज की ऊपरी सतह पर बहने लगती है। यह बहती हुई वायु वे सब गुण दर्शाने लगती है जो तरल दर्शाते हैं। इसमें उस स्थान पर दबाव कम हो जाता है जहाँ बहाव तेज होता है। इस प्रकार कागज की ऊपरी सतह

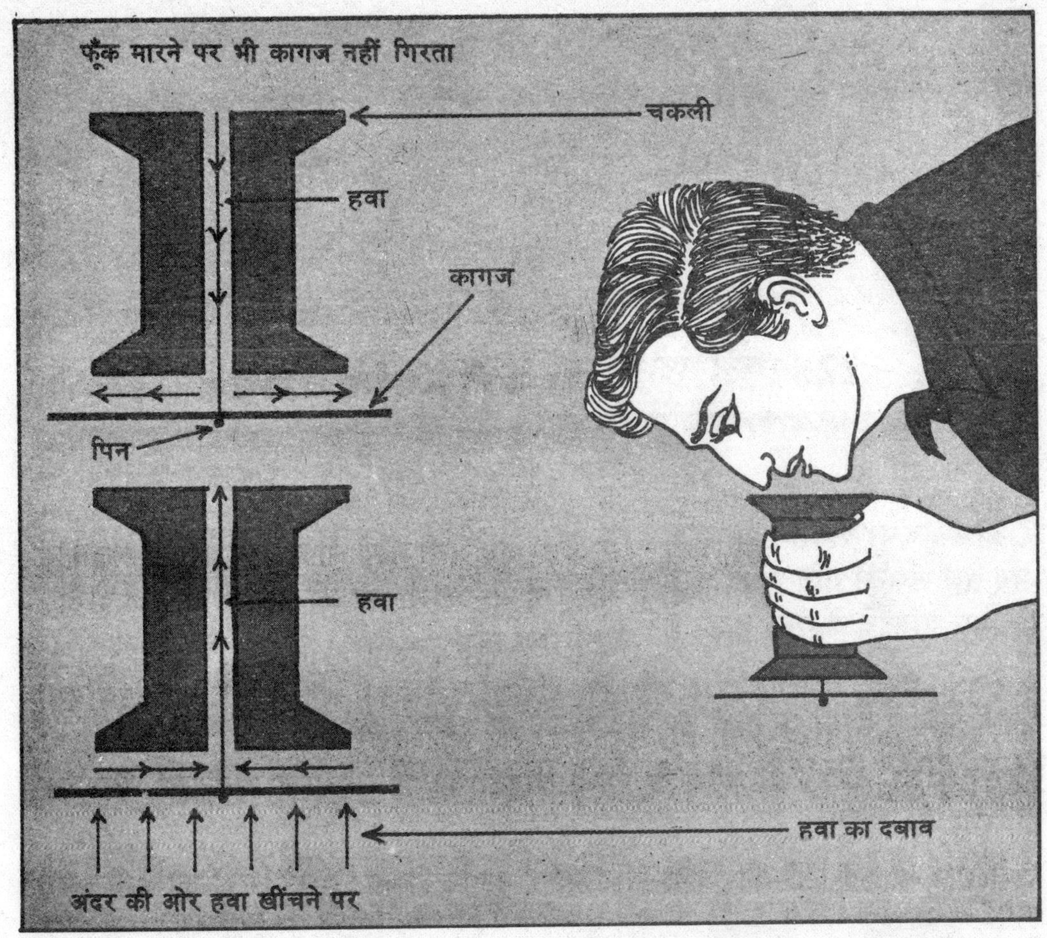

पर वायु का दबाव कम हो जाता है। पर कागज की निचली सतह पर वायु स्थिर रहती है; उसका दबाव अपेक्षाकृत अधिक होता है। इसलिए इस परिस्थिति में भी कागज चकली की निचली सतह के पास ही तिरता रहता है।

22. नली छोटी या बड़ी—गति बराबर

आमतौर पर यह समझा जाता है कि अगर गेंद जैसी कोई चीज लंबी नली से लुढ़काई जाए तब उसकी गति छोटी नली से लुढ़काई जानेवाली गेंद की गति से अधिक होगी। पर क्या वास्तव में ऐसा होता है? करके देख लो।

इसके लिए एलूमीनियम की दो नलियाँ (चैनल) लो, दोनों की लंबाइयाँ अलग-अलग हों (एक नली 50 सेंटीमीटर की और दूसरी 75 सेंटीमीटर की हो तो बेहत्तर होगा)। साथ ही काँच या चीनी मिट्टी की एक जैसी दो गोलियाँ और एक तौलिया भी चाहिए।

नलियों के एक सिरे को थोड़ी-सी ऊँचाई पर टिका लो। दूसरे सिरों को जमीन पर तौलिया बिछाकर उस पर टिका दो। यह ध्यान रहे कि ऊँचाई पर टिके सिरे एक सीध में हों। निश्चय ही तौलिए पर टिके सिरे आगे-पीछे होंगे।

अब ऊपरी दोनों सिरों से एक-एक गोली लुढ़काओ। देखो, गोलियाँ कितनी दूरी तक जाती हैं। तुम पाते हो कि दोनों ही गोलियाँ तौलिए पर एक समान दूरी तक ही जाती हैं। कारण क्या है?

जब हम दो वस्तुओं को एक-सी ऊँचाई तक ले जाते हैं तब उनमें निहित स्थितिज ऊर्जा एक समान ही होती है। भौतिकशास्त्र के विद्यार्थी सहज ही यह बता देंगे कि किसी वस्तु की स्थितिज ऊर्जा उसके द्रव्यमान, ऊँचाई और गुरुत्व के फलस्वरूप होनेवाले त्वरण के गुणनफल के बराबर हाती है। दोनों गोलियों का द्रव्यमान बराबर है, वे एक ही ऊँचाई तक उठाई गई हैं और उन पर एक समान त्वरण कार्यरत हैं, इसलिए दोनों की स्थितिज ऊर्जा बराबर है।

गोलियों को नलियों में से लुढ़काने पर जब वे तौलिए पर पहुँचती हैं तब यह ऊर्जा पूरी तरह गतिज ऊर्जा में बदल जाती है (गतिज ऊर्जा द्रव्यमान को वेग के वर्ग के आधे से गुणा करने से प्राप्त होती है)। दोनों गोलियों की स्थितिज ऊर्जा बराबर है और द्रव्यमान बराबर है इसलिए लुढ़कने पर उनका वेग भी बराबर होगा। फलस्वरूप वे समान दूरी तक ही लुढ़क पाएँगी।

इस प्रयोग में हमने नलियों और तौलिए के घर्षण से होनेवाली ऊर्जा की हानि पर ध्यान नहीं दिया है।

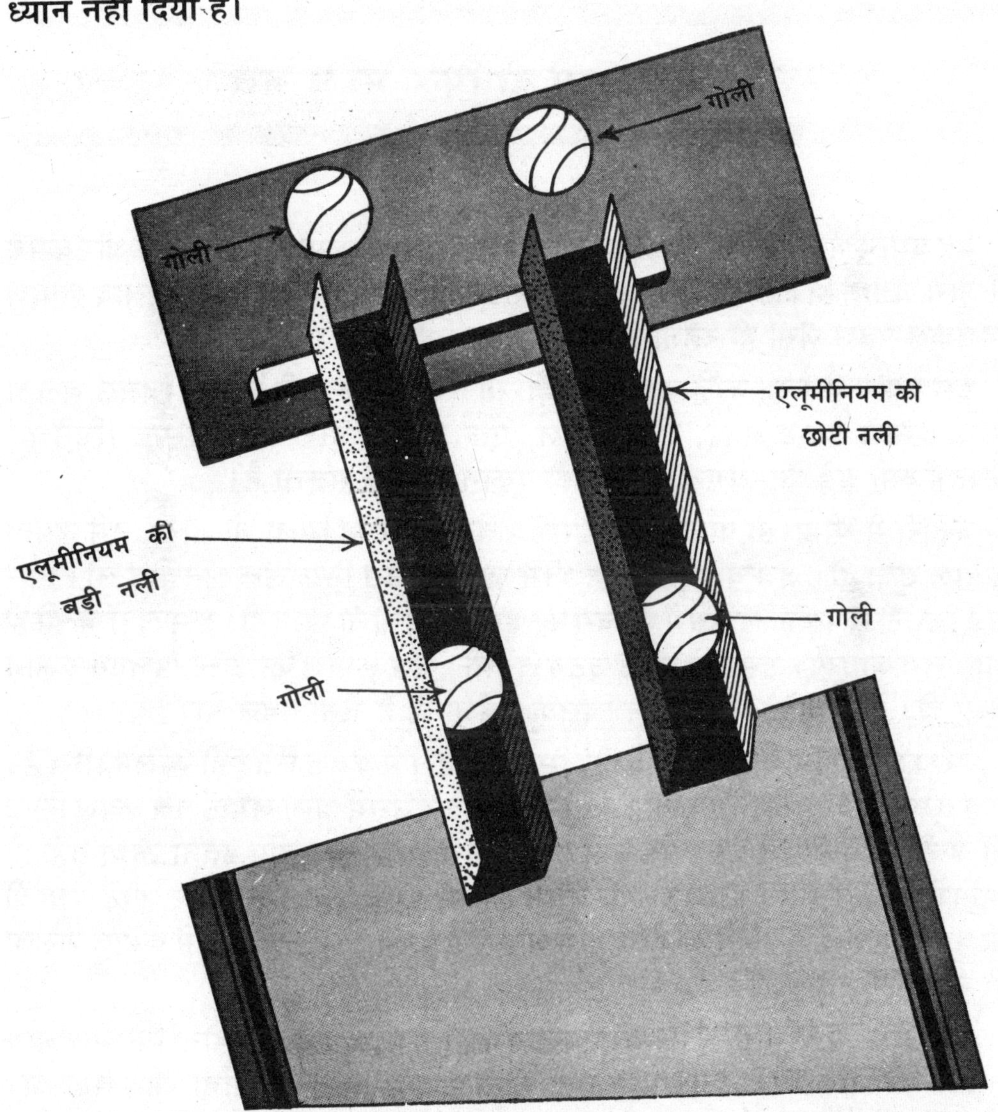

23. आग लगा दो फिर भी न जले

यह प्रयोग भी जादू जैसा ही प्रतीत होता है। इसमें तुम रूमाल में या किसी और कपड़े में आग लगाते हो। उससे आग की लपटें उठती हैं। पर आग बुझ जाने के बाद रूमाल बिलकुल पहले जैसा ही रहता है। वह जलता नहीं है।

इस प्रयोग के लिए तुम्हें चाहिए थोड़ी-सी स्प्रिट, एक बड़ी चिमटी जिससे जलता हुआ रूमाल पकड़ सको, एक रूमाल, एक कटोरी और पानी। स्प्रिट (डिनेचर्ड स्प्रिट)किसी बड़े पेंट-रोगन विक्रेता की दुकान से मिल सकती है।

कटोरी में थोड़ा-सा पानी लेकर उसमें उतनी ही स्प्रिट मिला लो और उसमें अपना रूमाल डुबो दो। जब वह पूरी तरह भीग जाए तो उसे निकालकर निचोड़ लो। फिर उसे चिमटी से पकड़कर उसमें माचिस की जलती हुई तीली छुआ दो। रूमाल में जल्दी ही आग लग जाएगी। उसमें से लपटें उठने लगेंगी। अब रूमाल को उलट-पलटकर आग बुझा दो। तुम देखोगे कि रूमाल बिलकुल वैसा ही है जैसा पहले था।

इसका कारण यह है कि पानी और स्प्रिट के घोल में केवल स्प्रिट ही ज्वलनशील है। जब तुमने इस घोल में भीगे रूमाल को निचोड़कर उसमें आग लगाई तब केवल स्प्रिट ही जली। उसके जलने पर लपटें उठीं पर उनसे रूमाल का ताप इतना ऊँचा नहीं हो पाया कि वह जल सके। इससे ही जब तुमने रूमाल को उलट-पुलटकर लपटें बुझा दीं तो वह बिलकुल वैसा ही मिला जैसा आग लगाने से पहले था। वास्तव में रूमाल जलता ही नहीं, स्प्रिट जलती है।

इस प्रयोग में तुम्हें पानी में स्प्रिट मिलाते समय यह ध्यान रखना होगा कि घोल आग लगाने पर जलने लगे। अगर ऐसा नहीं होता तब स्प्रिट की मात्रा और बढ़ा दो।

कभी-कभी ऐसा भी होता है कि बाजार में मिलनेवाली डिनेचर्ड स्प्रिट में मिलावट के तौर पर काफी पानी पहले ही मिला होता है। उस स्थिति में हो सकता है तुम्हें पानी मिलाने की जरूरत ही न रहे।

24. हाथ पोंछो–तौलिया रंग बदले

तुम्हारे गीले हाथ पोंछते ही तौलिए में नीला रंग उभरने लगेगा।

तुममें से कुछ बच्चे यह कह सहते हैं कि इस प्रयोग में ऐसी आश्चर्यजनक बात क्या है! अगर उनके हाथ में नीले रंग की स्याही या रंग होता है तो हाथ पोंछने से तौलिया नीला हो जाएगा। पर बात ऐसी नहीं है। तुम 'पानी' (पानी जैसे रंगहीन द्रव) से हाथ धोकर सफेद तौलिए से पोंछते हो तब तौलिया नीला होता है।

इसके लिए पहले पोटैशियम फैरोसायनाइड का पानी में घोल तैयार कर लो। इस घोल का रंग पानी जैसा ही होता है। तौलिए को उसमें अच्छी तरह डुबो लो। फिर निचोड़कर सुखा लो। सूखने के बाद देखने में तौलिया वैसा ही दिखेगा जैसा घोल में डुबोने से पहले था। इसके बाद फैरिक क्लोराइड का पानी में घोल तैयार कर लो। यह घोल भी पानी जैसा ही दिखेगा।

जब तुम फैरिक क्लोराइड के घोल में अपने हाथ धोकर, पोटैशियम फैरोसायनाइड लेपित तौलिए से उन्हें पोंछते हो तब इन दोनों रसायनों की आपस में क्रिया से तौलिए पर फैरिक फैरोसायनाइड बन जाता है। इसका रंग नीला होता है। इसलिए तौलिए पर नीले रंग के दाग दिखाई देने लगते हैं।

इस प्रयोग के बाद अपने हाथ पहले लिकर अमोनिया (पानी में अमोनिया गैस का घोल) से अच्छी तरह धो लो। बाद में उन्हें पानी से धो लो। ऐसा करना बहुत जरूरी है। साथ ही पोटैशियम फैरोसायनाइड घोल में तौलिया डुबोने और उसे निचोड़ने के बाद भी अपने हाथ पानी से भली-भाँति धोने आवश्यक हैं। इसी तरह प्रयोग के बाद तौलिए

को खूब अच्छी तरह से धोकर, उसमें से सब पोटैशियम फैरोसायनाइड छुड़ा लेने के बाद ही उसे इस्तेमाल करना चाहिए।

यह तो तुम जानते ही हो कि उक्त रसायनों को किसी भी हालत में चखने की कोशिश नहीं करनी चाहिए।

पोटैशियम फैरोसायनाइड, फैरिक क्लोराइड और लिकर अमोनिया रसायन विक्रेता की दुकान से ही मिल सकते हैं।

25. बिना बाँधे बर्फ की सिल्लियाँ उठाएँ

बर्फ के टुकड़े और तार के साथ किए जानेवाले एक प्रयोग के बारे में तुम पहले पढ़ चुके हो। अब बर्फ के साथ एक और प्रयोग। पर इस बार हम बर्फ की दो सिल्लियाँ लेंगे और एक मजबूत, लगभग 2 मीटर लंबा धागा। वैसे उसके स्थान पर सन की मजबूत सुतली लेनी अधिक उपयुक्त होती है। इस सुतली की मदद से बिना बाँधे ही तुम बर्फ की दो बड़ी सिल्लियों को उठा सकते हो। कैसे?

पहले बर्फ की एक सिल्ली रखो। फिर उसके ऊपर सुतली इस प्रकार फैलाकर रखो कि वह सिल्ली मे लगभग बीच में से गुजरे और दोनों ओर उसके बराबर-बराबर भाग लटकते रहें। अब ऊपर से दूसरी सिल्ली इस प्रकार रखो कि उसकी भुजाएँ पहली सिल्ली के एकदम ऊपर रहें। बाद में ऊपरी सिल्ली पर कोई भारी वस्तु रख दो। कुछ क्षण बाद भारी वस्तु को उठा लो। तुम देखोगे कि दोनों सिल्लियाँ आपस में जुड़ गई हैं। इस स्थिति में दोनों और लटकी हुई सुतली को पकड़कर सिल्लियों को उठाया जा सकता है।

बर्फ की सिल्लियाँ काफी भारी होती हैं और दो सिल्लियों को तुम अकेले नहीं उठा पाओगे। इसलिए बराबर आकार की दो चौथाई अथवा उससे भी छोटी सिल्लियों के साथ यह प्रयोग करना बेहतर होगा।

तुम जानते हो कि बर्फ का ताप आमतौर पर 0° सें होता है। यही पानी के जमने का ताप है। पर जब पानी पर दबाव बढ़ा दिया जाता है तब हिमांक (बर्फ में बदलने का ताप) ऊपर आ जाता है। इसलिए जब तुमने सिल्लियों पर भारी वस्तु रखी तब उन दोनों के आपस में मिलनेवाली सतहों से थोड़ी-सी बर्फ पिघल गई। पर जैसे ही तुमने

सिल्लियों पर से भारी वस्तु उठा ली तो दबाव कम हो गया और पानी (बर्फ के पिघलने से बना पानी) फिर जम गया। इससे दोनों सिल्लियाँ आपस में जुड़ गईं और सुतली उनके बीच में फँस गई। उसके लटके हुए हिस्सों को पकड़कर बर्फ की सिल्लियों को उठाना आसान है।

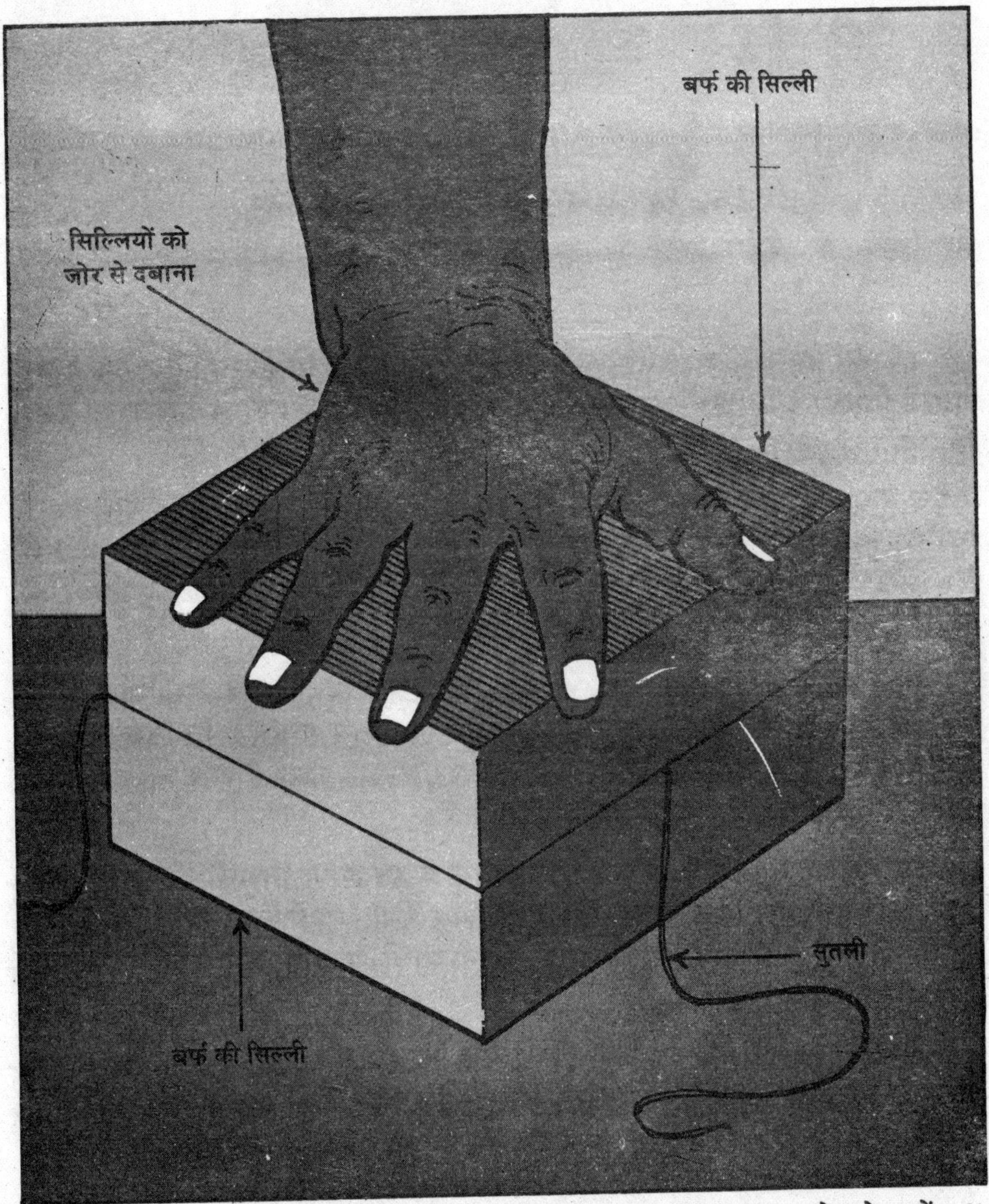

26. शरबत को पानी में बदलना

तुमने उस प्रयोग के बारे में पढ़ा है जिसमें बरतन बदलते ही पानी का रंग बदल जाता है (देखिए प्रयोग 3)। अब उसी तरह का एक और प्रयोग जिसमें कैंपा कोला जैसा पेय 'पानी' में बदल जाता है।

वैसे कुछ वर्ष पूर्व पश्चिमी देशों में 'शराब को पानी बना देने' का जादू बहुत प्रचलित था (शराब का रग हलका कत्थई-लाल होता है)। शराब का पानी बना देना तो तुम्हें बताया नहीं जा सकता। हाँ, कैंपा कोला जैसे द्रव के साथ यह प्रयोग किया जा सकता है। पर कैंपा कोला भी 'नकली' होगा।

इसके लिए चाहिए हाइपो का एक बड़ा क्रिस्टल, टिंक्चर ऑफ आयोडीन, कैंपा कोला की एक खाली बोतल, गोंद, पानी और एक स्ट्रा। तुम जानते हो कि टिंक्चर ऑफ आयोडीन वह आम दवा है जिसे मामूली चोट पर लगाया जाता है और यह किसी भी कैमिस्ट की दुकान पर आसानी से मिल जाती है।

पहले गोंद की मदद से कैंपा कोला की बोतल के ढक्कन के निचली ओर हाइपो का एक रवा चिपका दो। फिर बोतल में पानी भरकर थोड़ी-सी टिंक्चर उसमें मिला दो। स्ट्रा से उसे हिला लो। पानी में टिंक्चर की इतनी मात्रा मिलानी चाहिए कि उसका रंग कैंपा कोला जैसा हो जाए।

तुम चाहो तो इस समय अपने दोस्तों को बुलाकर कह सकते हो कि तुम 'कैंपा कोला का पानी बना दोगे'। अब उनके सामने बोतल पर ढक्कन लगा दो और बोतल को जोर से हिलाओ। उसमें भरा कत्थई-लाल रंग का पानी रंगहीन हो जाएगा।

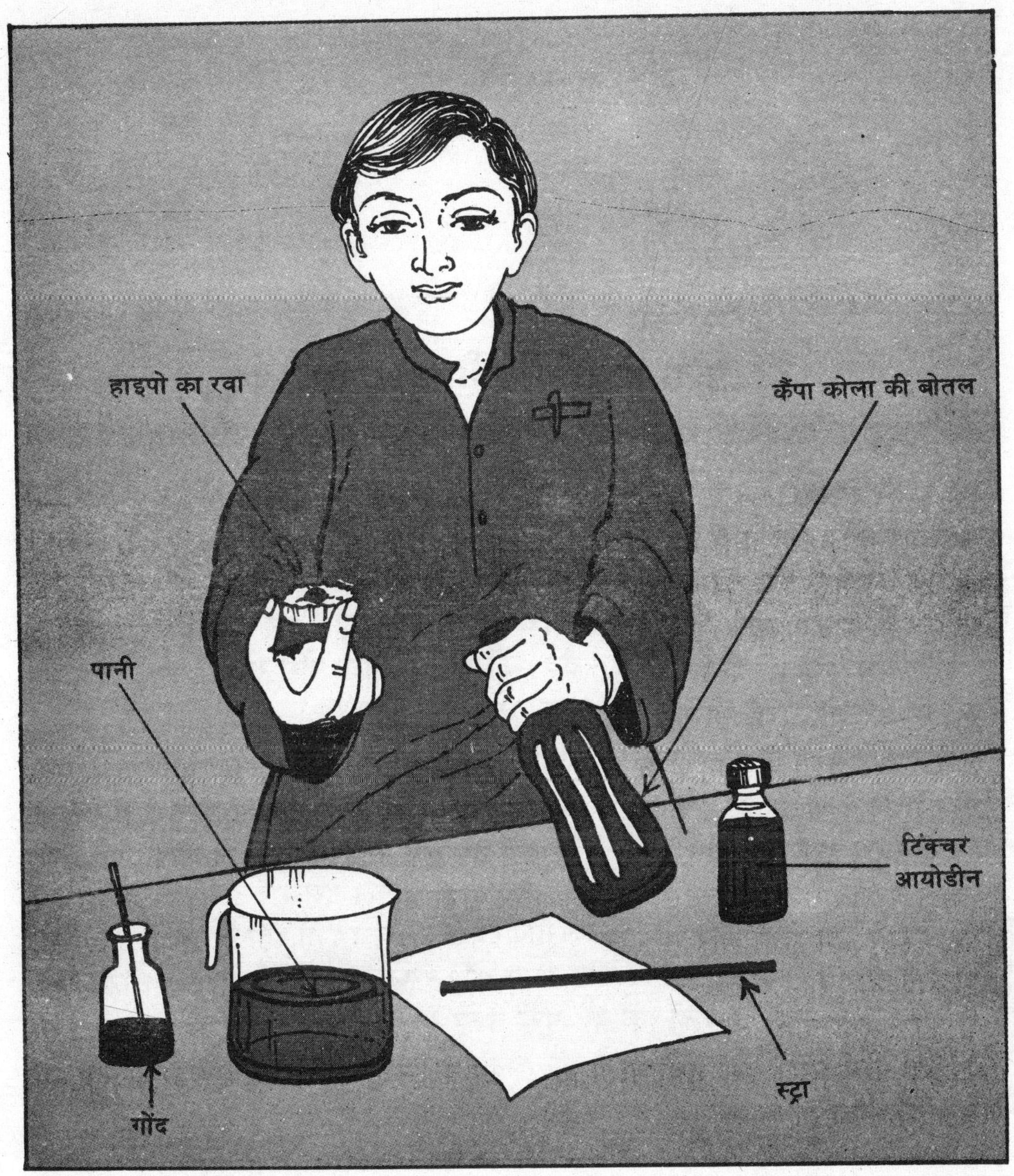

आयोडीन और हाइपो की आपस में क्रिया से जो पदार्थ बनता है वह रंगहीन और पानी में घुलनशील होता है।

27. फूँक मारो—पानी दूध बन जाए

अकसर लोग कहते हैं कि 'दूध में पानी मिलाना बहुत बुरी बात है। एक दिन ईश्वरीय न्याय से दूध का दूध और पानी का पानी हो जाएगा।' हमें नहीं मालूम कि ईश्वर कभी दूध में पानी मिलानेवाले को दंड देता है या नहीं। पर इतना हम जानते हैं कि अगर हम चाहें तो पानी (रंगहीन द्रव) को दूध (दूधिया जैसे रंग के द्रव) में बदल सकते हैं। आओ, तुम्हें भी यह 'करिश्मा' बताएँ।

इसके लिए तुम्हें चाहिए थोड़ा-सा बिना बुझा चूना, चौड़े मुँहवाला एक बरतन, एक छोटी बोतल, एक स्ट्रा और पानी। बिना बुझा चूना वही है जो तुम अपने घरों में सफेदी करने के लिए इस्तेमाल करते हो। इस चूने की एक बढ़िया डली ले लो। उसे चौड़े मुँहवाले बरतन में रखकर उस पर धीरे-धीरे पानी डालो। इससे चट-चट की आवाज होगी, गरमी पैदा होगी और भाप निकलेगी। जिस समय यह हो रहा हो तब बरतन को छुओ नहीं और न ही अपना मुँह या कोई अन्य अंग उसके पास ले जाओ। पर धीरे-धीरे डली पर इतना पानी डाल दो कि वह पूरी तरह बिखर जाए और उसके ऊपर भी थोड़ा-सा पानी रहे। इस अवस्था में कुछ घंटों के लिए बरतन को एक तरफ रख दो जिससे वह ठंडा हो जाए।

जब बरतन ठंडा हो जाता है तो तुम पाते हो कि चूने की डली पाउडर बन चुकी है और पाउडर तली पर बैठ गया है। उस पर साफ पानी खड़ा हुआ है। इस द्रव को, बरतन को बिना हिलाए-डुलाए, छोटी बोतल में निथार लो। फिर इस द्रव में स्ट्रा में से थोड़ी देर तक हवा फूँको। तुम देखते हो कि यह रंगहीन द्रव धीरे-धीरे 'दूध' में बदलने लगता है। लो, बन गया 'पानी का दूध'। पर ऐसा कैसे हुआ?

वास्तव में तुमने चूने की डली पर से जो रंगहीन द्रव निथारा था वह पानी नहीं था और न ही फूँक मारने पर बना द्रव दूध है। रंगहीन द्रव कैल्शियम हाइड्रोक्साइड था। वह बिना बुझे चूने (कैल्शियम ऑक्साइड) पर पानी की क्रिया से बना था। उसे 'चूने का पानी' भी कहते हैं। फूँक मारकर तुमने उसमें कार्बन डाइऑक्साइड प्रवाहित की (तुम जानते हो कि साँस के रूप में जो हवा हम बाहर निकालते हैं उसमें 4 प्रतिशत कार्बन डाइऑक्साइड होती है)। इसके फलस्वरूप कैल्शियम हाइड्रोक्साइड कैल्शियम कार्बोनेट में बदल गया। कैल्शियम कार्बोनेट सफेद रंग का ठोस पदार्थ है जो पानी में अघुलनशील है। इसलिए उसके सूक्ष्म कण पानी में छितरा जाते हैं और दूध का भ्रम उत्पन्न करते हैं।

मजेदार बात यह है कि इस दूधिया द्रव में काफी देर तक फूँक मारते रहने पर—कार्बन डाइऑक्साइड काफी देर तक प्रवाहित करते रहने पर— वह फिर 'पानी' (रंगहीन द्रव) बन जाता है। ऐसा करने से कैल्शियम कार्बोनेट कैल्शियम बाइकार्बोनेट में बदल जाता है। वह पानी में घुलनशील होता है। पर इस द्रव को गरम करने पर वह फिर दूधिया हो जाता है—कैल्शियम बाइकार्बोनेट विघटित होकर पुनः कैल्शियम कार्बोनेट में बदल जाता है।

28. लाखों वर्षों का काम मिनटों में

आंध्र प्रदेश के कुर्नुल जिले में बनगनापल्ली के निकट कुछ सुंदर गुफाएँ हैं। इन गुफाओं में फर्श पर चूने की खंभे जैसी आकृतियाँ खड़ी हैं। ये खंभे देखने में बहुत सुंदर लगते हैं। पर इन्हें किसी मनुष्य ने नहीं बनाया है। ये तो प्रकृति की देन हैं। वैसे कुछ ऐसी अन्य गुफाओं में इससे कहीं विचित्र दृश्य देखने को मिलते हैं। उनमें फर्श पर तो चूने के ऊँचे-ऊँचे खंभे खड़े ही हैं। साथ ही कई मीटर लंबे खंभे छत से भी लटक रहे हैं। ये भी अपने-आप, चूने के पत्थरों से बनी छिद्रयुक्त छत में से पानी टपकते रहने से बने हैं।

छत की निचली सतह पर आकर पानी की बूँद भाप बनकर उड़ जाती है पर उसमें तिरते हुए चूने के कण वहाँ ही रह जाते हैं। फिर उसी स्थान से जब दूसरी बूँद भाप बनकर उड़ती है तब वह भी कुछ कण छोड़ जाती है। इस प्रकार बहुत धीरे-धीरे छत से लटकनेवाले चूने के उभार बढ़ते जाते हैं। उनके बढ़ने की गति बहुत धीमी—100 वर्ष में लगभग एक सेंटीमीटर जैसी धीमी होती है। इस तरह मीटर-दो मीटर लंबा खंभा बनने में भी लाखों वर्ष लग जाते हैं। छत से लटकनेवाले इन खंभों को स्टेलेक्टाइट कहते हैं।

जब ये बूँदें फर्श पर गिर पड़ती हैं तब पानी के उड़ जाने के बाद चूने के कण फर्श पर उभार बना देते हैं। इनके बढ़ने की गति भी उतनी ही धीमी होती है जितनी स्टेलेक्टाइटों की। ये खंभे स्टेलेगमाइट कहलाते हैं।

प्रकृति को जिन स्टेलेक्टाइटों और स्टेलेगमाइटों को बनाने में कई लाख वर्ष लग जाते हैं। उनको तुम छोटे पैमाने पर, कुछ ही मिनटों में बना सकते हो। उसके लिए

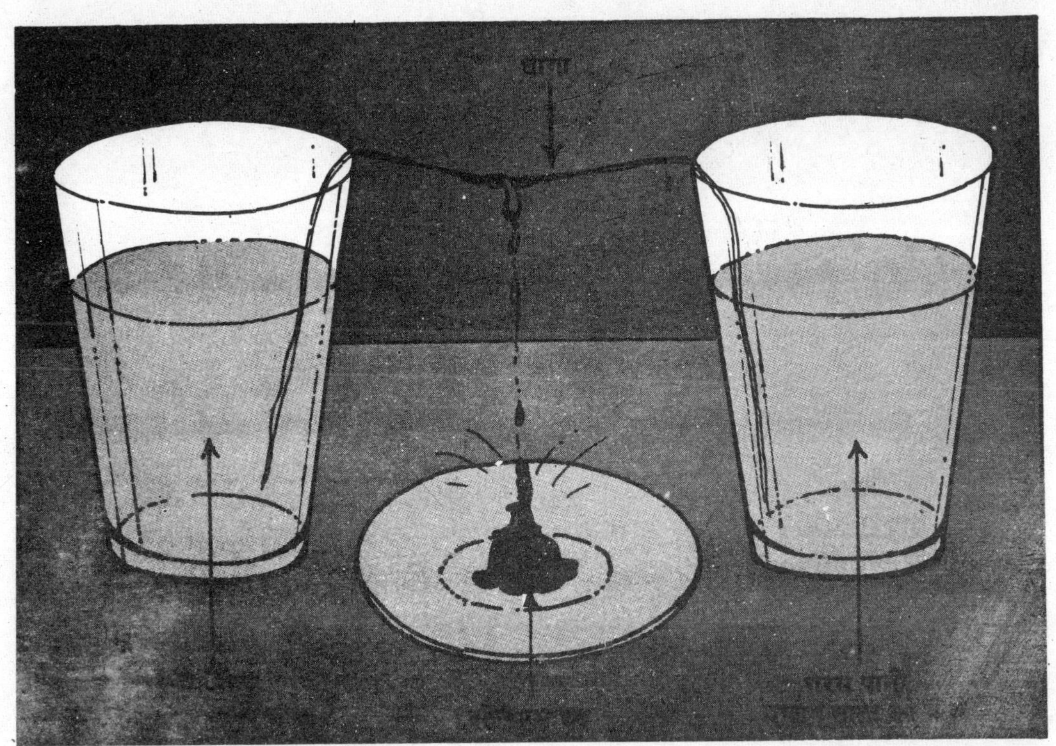

तुम्हें चाहिए एप्सम साल्ट, काँच के दो गिलास, एक मोटा धागा, एक प्लेट और गरम पानी। एप्सम साल्ट मैग्नीशियम सल्फेट है और किसी भी रसायन विक्रेता की दुकान पर आसानी से मिल जाता है।

पहले दोनों गिलासों को लगभग तीन-चौथाई गरम पानी से भर लो। उनमें जितना भी एप्सम साल्ट घुल सकता है, घोल लो। गिलासों को एक-दूसरे से थोड़ी दूर पर रख दो और धागे का एक सिरा एक गिलास के घोल में डुबो दो तथा दूसरा सिरा दूसरे गिलास के घोल में। बीच में, जहाँ धागे में झोल पड़ता हो उसके नीचे, प्लेट रख दो।

केशाकर्षण क्रिया के फलस्वरूप घोल धागे पर चलता जाएगा और जहाँ धागा सबसे नीचे होगा, वहाँ से टपकने लगेगा। इससे धीरे-धीरे, टपकनेवाली बूँदों के भाप बनते रहने के कारण स्टेलेक्टाइट और स्टेलेगमाइट जैसी आकृतियाँ बन जाएँगी।

यदि इस प्रयोग में तुम बटा हुआ धागा लोगे तो बेहतर आकृतियाँ मिलेंगी। इसी प्रकार अगर दोनों गिलासों के घोलों में अलग-अलग रंग मिला लें तो रंगीन आकृतियाँ बनेंगी।

29. लोहे को ताँबे में बदलना

तुमने पारस पत्थर का नाम सुना होगा। कहा जाता है कि इससे 'पत्थर को छुआ देने-भर से लोहा सोने में बदल जाता है।' इसकी खोज में ही आधुनिक रसायनशास्त्र का विकास हो गया। पर वह तो एक काल्पनिक वस्तु थी। उसे मिलना ही नहीं था, इसलिए नहीं मिला। वैसे बाद में 'आधुनिक भौतिकशास्त्र के जनक' कहे जानेवाले अर्नेस्ट रदरफर्ड ने ऐसी विधि खोज निकाली थी जिससे एक रासायनिक तत्त्व को दूसरे तत्त्व में बदला जा सकता है और उसके लिए उन्हें वर्ष 1915 का नोबेल पुरस्कार प्रदान किया गया था। परंतु वह विधि पारस पत्थर की छुआने मात्र की विधि से बहुत अधिक जटिल और महँगी है।

इसलिए हम न तो तुम्हें पारस पत्थर का पता बता सकते हैं और न हम रदरफर्ड की तकनीक की चर्चा करेंगे। पर हम तुम्हें एक ऐसा सरल प्रयोग बताएँगे जिससे तुम लोहे को ताँबे में 'बदल' सकते हो।

इसके लिए तुम्हें चाहिए दो वस्तुएँ—नीला थोथा और लोहे का एक साफ टुकड़ा। पानी और काँच का गिलास तो घर में हमेशा रहते ही हैं। पहले बाजार से 50 ग्राम नीला थोथा खरीद लो। यह चूना-सफेदी आदि बेचनेवाली दुकान पर मिल जाएगा। यदि नीले थोथे के रवे मिल जाते हैं तो बेहतर होगा। वैसे उसके चूरे (सफेद) से भी काम चल सकता है। उसे लगभग आधा गिलास पानी में घोल लो। घोल लुभावना नीला होता है। पर वह विषैला होता है। इसे चखने की कोशिश कभी न करना।

अब इस घोल में लोहे का टुकड़ा छोड़ दो और आधे-एक मिनट तक उसे घोल में पड़ा रहने दो। फिर निकाल लो। अरे! यह तो 'ताँबा' बन गया। तो क्या तुमने लोहे को ताँबे में 'बदल' दिया?

नहीं! तुमने लोहे पर केवल ताँबे की परत-भर चढ़ाई है। रसायनशास्त्र के अनुसार नीले थोथे में ताँबा भी मौजूद होता है। जब तुमने लोहे के टुकड़े को नीले थोथे के घोल में डाला तब लोहे ने उसके कुछ अणुओं में से ताँबे के परमाणु अलग कर दिए। ये ही लोहे पर ताँबे की परत के रूप में जम गए।

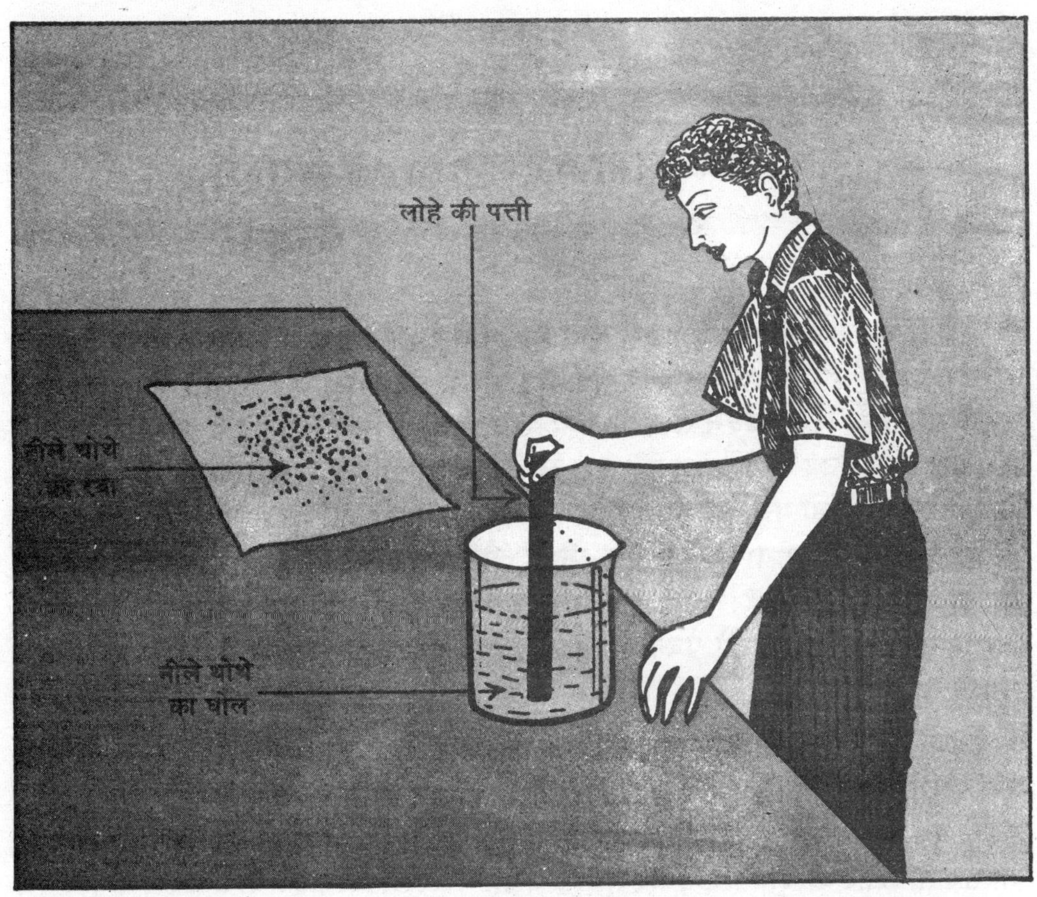

30. सब जीवों को ऑक्सीजन चाहिए

अब से लगभग 200 वर्ष पहले एक महान् वैज्ञानिक हुए थे, जोसफ प्रीस्टले। वह निरंतर प्रयोग करते रहते थे और नई-नई चीजों की खोज करते रहते थे। एक दिन उनके मस्तिष्क में यह प्रश्न उठा कि क्या वायु जीवों के लिए वास्तव में परम आवश्यक है? और वे उसका क्या करते हैं? इस संबंध में उन्होंने एक चमत्कारी प्रयोग किया जिससे यह सिद्ध हो गया कि हवा के बिना कोई भी प्राणी जीवित नहीं रह सकता। साथ ही यह भी सिद्ध हो गया कि वह पेड़-पौधों और जंतुओं के लिए इतनी जरूरी क्यों है? यह प्रयोग बहुत सरल है। चाहो तो तुम भी इसे कर सकते हो। यह प्रयोग उस स्थान पर करना चाहिए जहाँ काफी प्रकाश आ रहा हो। यह बहुत जरूरी है। अन्यथा प्रयोग सफल नहीं होगा।

इसके लिए तुम्हें चाहिए काँच का एक बेलजार, एक चूहा और छोटे गमले में लगा हरा पौधा। बेलजार लगभग अंडाकार, ऐसा बरतन होता है जिसकी पेंदी नहीं होती। इससे वह सपाट जगह पर भी टिक सकता है। उससे किसी चीज को आसानी से ढका जा सकता है। एक चूहा पकड़कर सपाट जगह पर रखो और उसके ऊपर बेलजार रख दो। बेलजार ढकने से चूहे को ताजी हवा नहीं मिल पाती। उसे जार की हवा में ही साँस लेनी पड़ती है।

चूहा थोड़ी देर तक उछलता-कूदता रहता है पर धीरे-धीरे सुस्त पड़ने लगता है। फिर बेहोश जैसा होने लगता है। इस स्थिति में बेलजार को थोड़ा-सा टेढ़ा करके फुर्ती से उसके नीचे गमला रख दो। ऐसा करते समय यह सावधानी बरतनी बहुत जरूरी है कि चूहा भाग न जाए। अब धीरे-धीरे चूहा फिर से फुर्तीला होने लगता है। जब वह

काँच का बेलजार
पौधा
चूहा

पूरी तरह पहले जैसा हो जाए तो बेलजार ऊपर उठा दो और उसे निकल जाने दो क्योंकि तुम्हारा प्रयोग पूरा हो गया है। इसके बाद उसकी कोई जरूरत नहीं है।

पहले बेलजार में चूहा सुस्त क्यों हो गया? बेलजार में बाहर से हवा नहीं आ रही थी। जार में भरी वायु में चूहे को साँस लेनी पड़ रही थी। इससे ऑक्सीजन की मात्रा घटती जा रही थी और कार्बन डाइऑक्साइड की मात्रा बढ़ती जा रही थी। जो वायु हम साँस के रूप में अंदर ले जाते हैं उसमें साधारणतः ऑक्सीजन की मात्रा लगभग 20 प्रतिशत और कार्बन डाइऑक्साइड की मात्रा केवल 0.03 प्रतिशत ही होती है। पर जो साँस हम छोड़ते हैं उसमें ऑक्सीजन 16 प्रतिशत और कार्बन डाइऑक्साइड 4 प्रतिशत होती है।

पूरी मात्रा में ऑक्सीजन न मिल पाने का असर चूहे की शारीरिक क्रियाओं पर होने लगा था और वह सुस्त पड़ने लगा था। बेहोश होने लगा था।

तुम जानते ही हो कि प्रकाश की उपस्थिति में पौधे हवा से कार्बन डाइऑक्साइड ग्रहण करते हैं और ऑक्सीजन छोड़ते हैं। इसीलिए इस प्रयोग को उस स्थान पर करना जरूरी होता है जहाँ काफी प्रकाश आ रहा हो। इस कारण पौधे को बेलजार के अंदर रख देने से उसके अंदर ऑक्सीजन की मात्रा फिर से बढ़ने लगी और कार्बन डाइऑक्साइड की मात्रा घटने लगी। इससे चूहे को धीरे-धीरे पर्याप्त ऑक्सीजन मिलने लगी। वह फिर से फुर्तीला होने लगा।

इस प्रकार तुम जान गए कि हवा के बिना कोई भी प्राणी जीवित नहीं रह सकता और पेड़-पौधे हमें ऑक्सीजन प्रदान करते हैं।

31. ब्लॉटिंग पेपर से आंशिक निर्वात

तुम जानते हो कि हवा हर उपलब्ध स्थान को भरने की कोशिश करती है। वह उन जगहों पर भी रहती है जिन्हें हम खाली कहते हैं। पर जैसे-जैसे हम पृथ्वी से ऊपर उठते जाते हैं हवा की मात्रा कम होती जाती है। इसीलिए बहुत ऊँचे पहाड़ों पर चढ़नेवाले लोगों को हवा की कमी महसूस होने लगती है। जब हम पहाड़ों से भी बहुत ऊपर—अंतरिक्ष में—चले जाते हैं तो हमें वहाँ बिलकुल हवा नहीं मिलती। वहाँ निर्वात होता है। इसलिए अंतरिक्ष यात्रियों की पोशाक में ऐसे यंत्र लगे होते हैं कि उन्हें हवा बराबर मिलती रहे।

पर निर्वात भी हमारे लिए जरूरी है। धातुओं की ढलाई आदि के लिए निर्वात उपयोगी होता है। इलेक्ट्रॉन नलिकाओं (रेडियो के वाल्व), टेलीविजन की ट्यूबों आदि में से अगर हवा नहीं निकाली जाती तो वे काम ही नहीं कर पातीं। घरों, दफ्तरों, सड़कों आदि पर रोशनी करने के लिए इस्तेमाल की जानेवाली ट्यूब लाइटों में भी आंशिक निर्वात होता है। यद्यपि अभी तक हमें ऐसी कोई तरकीब मालूम नहीं है जिससे पूर्ण निर्वात प्राप्त किया जा सके पर आंशिक रूप से निर्वात हम उत्पन्न करते ही रहते हैं। आओ! तुम्हें भी एक ऐसा सरल प्रयोग बताएँ जिससे तुम आसानी से आंशिक निर्वात प्राप्त कर सकते हो।

इसके लिए तुम्हें चाहिए पतले काँच का एक गिलास, एक मोटा ब्लॉटिंग पेपर, काँच की एक पट्टी जो गिलास के मुँह से थोड़ी बड़ी हो—लगभग 12×12 सेंटीमीटर की, प्लास्टिक की एक ट्रे, पानी और स्पंज। कुछ वर्ष पहले, जब बालपैन इतने अधिक प्रचलित नहीं थे जितने आजकल हैं, अधिकांश लोग कलम से लिखते थे। कलम को

बार-बार स्याही में डुबोना पड़ता था और स्याही के धब्बे न पड़ जाएँ इसलिए उसे जल्दी से सुखाने के लिए ब्लॉटिंग पेपर का उपयोग करना पड़ता था। अब भी स्टेशनरी की दुकानों पर ब्लॉटिंग पेपर मिल जाता है। उसे सोख्ता भी कहते हैं।

पहले गिलास को पानी से लबालब भर लो और उसे मोटे ब्लॉटिंग पेपर से भली-भाँति ढक दो। ऊपर से काँच की पट्टी रख दो। अब काँच की पट्टी को पकड़कर

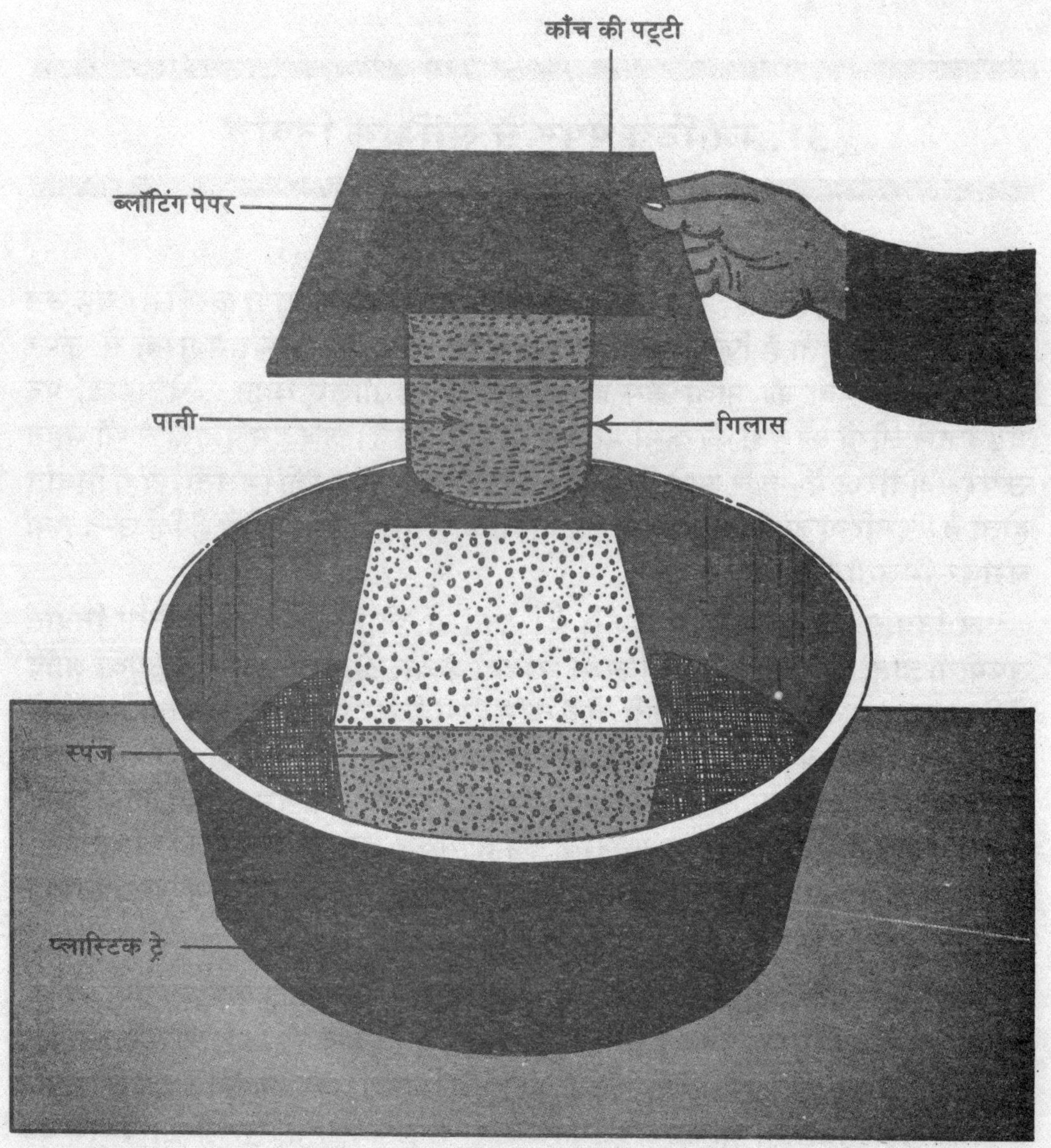

गिलास को सावधानी से उलटा कर दो। तुम जानते हो कि हवा के ऊपर की ओर दबाव डालने से काँच की पट्टी को टिके रहने में मदद मिलेगी। फिर भी तुम उसे पकड़े रहो। गिलास को उलटा कर देने से ब्लॉटिंग पेपर काफी पानी सोख लेगा। एक-दो मिनट बाद उसे सीधा करके ट्रे में रखे स्पंज पर रख दो। इस दौरान यह सावधानी बरतनी बहुत जरूरी है कि गिलास के मुँह पर ढकी काँच की पट्टी अपनी जगह से बिलकुल भी नहीं सरके।

अब पट्टी को सावधानी से, दोनों ओर से पकड़कर, थोड़ा ऊपर उठाकर देखो। तुम पाओगे कि पट्टी के साथ गिलास भी ऊपर उठ जाता है। लो, गिलास में आंशिक निर्वात बन गया।

गिलास को पानी से लबालब भरकर तुमने उसमें से हवा निकाल दी। उसके मुँह पर ब्लॉटिंग पेपर रखने से उसने कुछ पानी सोख लिया। जब तुमने गिलास को उलटा किया तब उसने जितना भी पानी वह सोख सकता था, सोख लिया। इसीलिए उस पानी का स्थान, जो सोखा गया, लगभग हवारहित हो गया। गिलास के मुँह पर काँच की पट्टी ढकी रहने से उस स्थान में बाहर से हवा नहीं जा सकी यद्यपि ऐसा करने के लिए वह पट्टी पर नीचे की ओर दबाव बराबर डालती रही। इसलिए जब तुमने पट्टी को पकड़कर उठाया तो उसके साथ गिलास भी ऊपर उठ आया।

गिलास में पानी और ब्लॉटिंग पेपर के बीच में आंशिक निर्वात बन गया था।

ट्रे में स्पंज रखकर उस पर गिलास रखने के लिए तुमसे इसलिए कहा गया था क्योंकि जिस प्रकार तुमने गिलास के मुँह पर काँच की पट्टी रखी थी वह एकदम वायुरुद्ध व्यवस्था नहीं है और उसमें से हवा रिसकर, धीरे-धीरे, गिलास में जाती रहती है। इससे पट्टी पर पड़नेवाला हवा का दबाव कम होता रहता है और गिलास के नीचे गिर जाने का खतरा रहता है। नीचे स्पंज रहने से अगर गिलास गिर भी जाता तब भी वह नहीं टूटता।

32. बोतल के अंदर अंडा

तुमने कुछ घरों में, विशेष रूप से शौकीन लोगों के घरों में, शो केस में छोटे मुँह की बोतल में अंडा पड़ा देखा होगा। उस बोतल का मुँह इतना छोटा होता है कि उसमें अंडा, बिना टूटे, घुस नहीं सकता। फिर भी उसके अंदर अंडा बिना तोड़े घुसाया गया है। अगर चाहो तो तुम भी छोटे मुँह की बोतल में अंडा घुसाने का प्रयोग कर सकते हो।

इस प्रयोग के लिए छोटे मुँह की काँच की एक बोतल और अंडे के अतिरिक्त तुम्हें थोड़ा-सा—इतना जिसमें अंडा भली-भाँति डूब सके—सिरका और खाने का सोडा तथा पानी भी चाहिए। सिरके में अंडे को डुबो दो और कुछ दिनों के लिए किसी एकांत स्थान पर रख दो। कुछ दिनों तक सिरके में डूबे रहने से अंडे का बाहरी कठोर खोल, जो कैल्शियम कार्बोनेट का बना होता है, मुलायम पड़ जाता है। इस अवस्था में खोल को कितना भी दबाया, तोड़ा-मरोड़ा जा सकता है। इस प्रकार अंडे को दबाकर छोटे मुँहवाली काँच की बोतल में घुसा दो।

जब अंडा बोतल में चला जाए तो उसमें खाने के सोडे का थोड़ा-सा घोल डाल दो। कुछ समय बाद अंडा फिर फैलकर पहले जैसे आकार में आ जाएगा और उसका ऊपरी खोल भी पहले जैसा कठोर हो जाएगा। अब बोतल को टेढ़ा करके सोडे के घोल को बाहर निकाल दो। फिर इस बोतल को तुम भी अपने घर के शो केस में रख सकते हो।

सिरके से हड्डियाँ भी इतनी मुलायम हो जाती हैं कि उनमें आपस में गाँठ मारी जा सकती है।

खाने के सोडे
का घोल
सिरका
अंडे का मुलायम खोल
अंडा

33. गरमी करे काले को प्यार !

आमतौर से लोग काले की अपेक्षा गोरे को अधिक पसंद करते हैं—चाहें बच्चे हों या कपड़े अथवा घर रँगने के पेंट। वे सफेद को स्वच्छता का प्रतीक भी मानते हैं। पर गरमी ऐसी वस्तु (ऊर्जा) है जो काले रंग को सफेद से 'अधिक महत्त्व' देती है। दूसरे शब्दों में, यह कह सकते हैं कि काला रंग अधिक गरमी अवशोषित करता है। इस तथ्य को एक सरल प्रयोग द्वारा सिद्ध किया जा सकता है।

एक मोटा कागज लो और उसे बेलन की भाँति मोड़कर उसके किनारों को आपस में चिपका लो। बेलन का व्यास 5-6 सेंटीमीटर होना चाहिए। इसके भीतर की ओर माचिस की डब्बी के बराबर क्षेत्र को काले रंग से रँग लो। बेलन के बाहर की ओर मोम से दो सिक्के चिपका दो—एक उस स्थान पर जहाँ भीतर काला धब्बा स्थित है और दूसरा ठीक उसके सामनेवाली दीवार पर (बाहर की ओर)।

अब मोटे गत्ते का एक वृत्ताकार टुकड़ा लो। उसके केंद्र में मोमबत्ती की मोटाई के बराबर एक छेद कर लो और मोमबत्ती पर पहना दो। यदि छेद सही आकार का किया गया है तब गत्ते को मोमबत्ती पर, आवश्यक ऊँचाई पर, इस प्रकार पहनाया जा सकेगा कि उस पर बेलन टिक सके।

मोमबत्ती पर गत्ते का टुकड़ा फँसाकर मोमबत्ती को जला दो और फिर गत्ते पर उक्त बेलन रख दो। ऐसा करने के कुछ देर बाद पहले काली जगह के बाहर की ओर चिपकाया गया सिक्का गिरता है। फिर उसके बाद उसके सामने चिपकाया गया सिक्का।

इसका कारण यह है कि काले रंग ने अधिक गरमी अवशोषित कर ली। वह अपेक्षाकृत जल्दी गरम हो गया। इससे उसके बाहर का मोम जल्दी पिघल गया। इससे सिक्का गिर पड़ा।

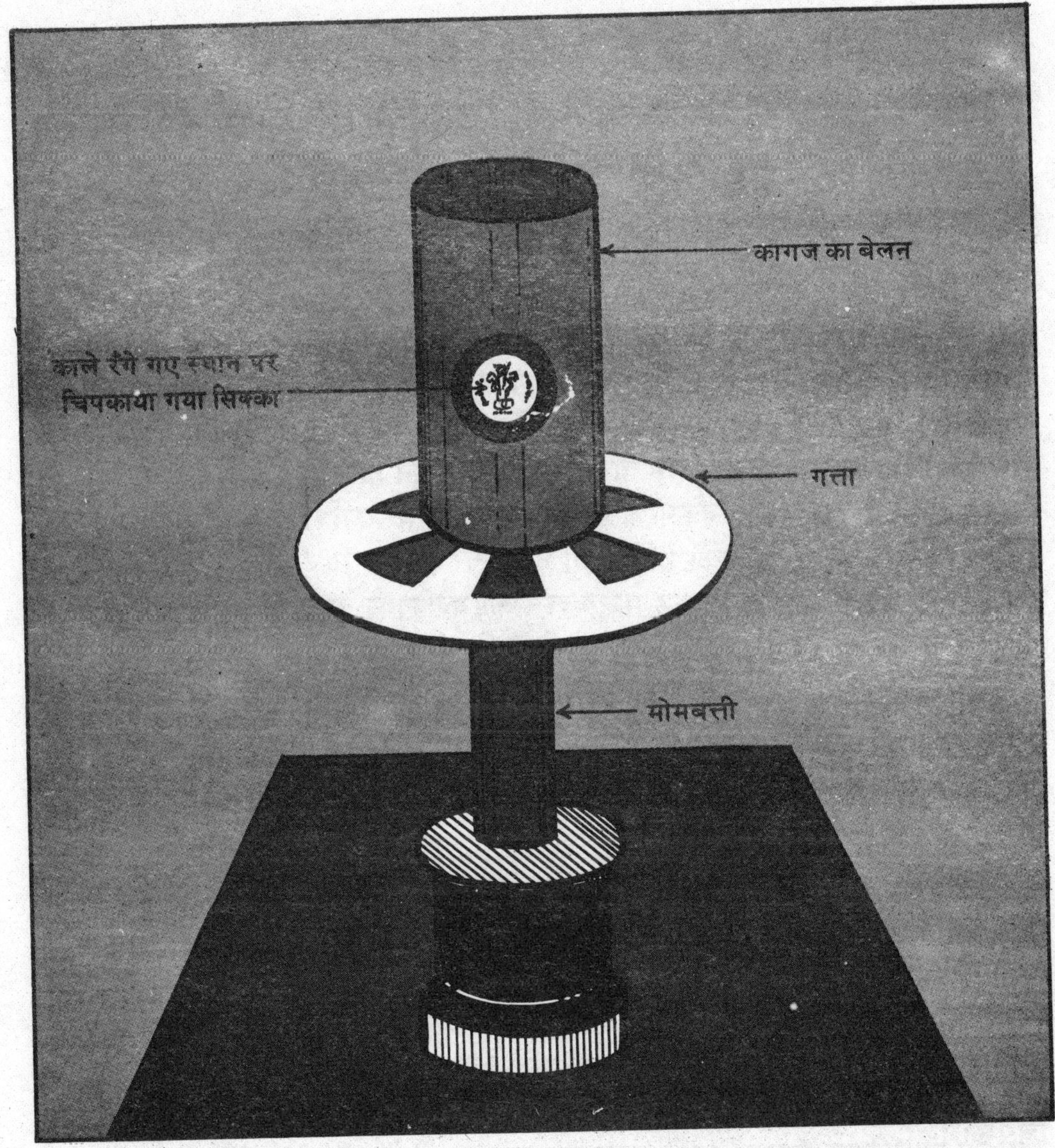

34. गुब्बारा अपने-आप नाचे

तुमने न्यूटन के गति के नियम पढ़े हैं। इनमें तीसरा नियम है हर क्रिया के लिए समान मात्रा में किंतु विपरीत दिशा में प्रतिक्रिया होती है। यह नियम कदाचित् सबसे उपयोगी नियम है और हम इसका बहुत अधिक उपयोग करते हैं; दैनिक जीवन में भी और वैज्ञानिक प्रयोगों में भी। हम चलते समय भी अनजाने ही इसका उपयोग करते हैं। हम अपने पैरों से जमीन को पीछे की ओर धकलने की कोशिश करते हैं। जमीन तो पीछे नहीं सरकती पर उसकी प्रतिक्रिया के फलस्वरूप हम आगे बढ़ जाते हैं। जब हम रेतीली धरती अथवा कीचड़ पर चलने की कोशिश करते हैं तब हमारे पैरों के धकेलने से रेत या कीचड़ पीछे चली जाती है इसलिए हम आगे नहीं बढ़ पाते।

अंतरिक्ष में रॉकेट उड़ाने के लिए उसमें भरे ईंधन को जलाया जाता है। इससे तेजी से गैस नीचे की ओर निकलती है। इसकी प्रतिक्रिया के रूप में रॉकेट ऊपर उठता है। इस प्रकार गति के तीसरे नियम के अनेक उदाहरण दिए जा सकते हैं। इसी नियम पर आधारित एक प्रयोग इस प्रकार है—

इसके लिए चाहिए एक गुब्बारा और बालपैन का पुराना रिफिल। पहले रिफिल को गरम करके उसका निचला छेद (जिसमें से लिखते समय धीरे-धीरे स्याही निकलती रहती है) बंद कर लो। साथ ही उसे बीच में से मोड़ लो। फिर गुब्बारा फुलाकर उसके मुँह में रिफिल इस प्रकार रखकर कि उसका बंद मुँह बाहर की ओर रहे, मुँह को धागे से कसकर बाँध दो। अब उस पर, चिपकानेवाले टेप से एक धागा चिपका दो और धागे को किसी खूँटी से बाँध दो। धागा चिपकाते और उसे खूँटी से बाँधते समय यह ध्यान रखो कि गुब्बारे का मुँह जमीन के समानांतर रहे और रिफिल का बंद मुँह नीचे की ओर रहे।

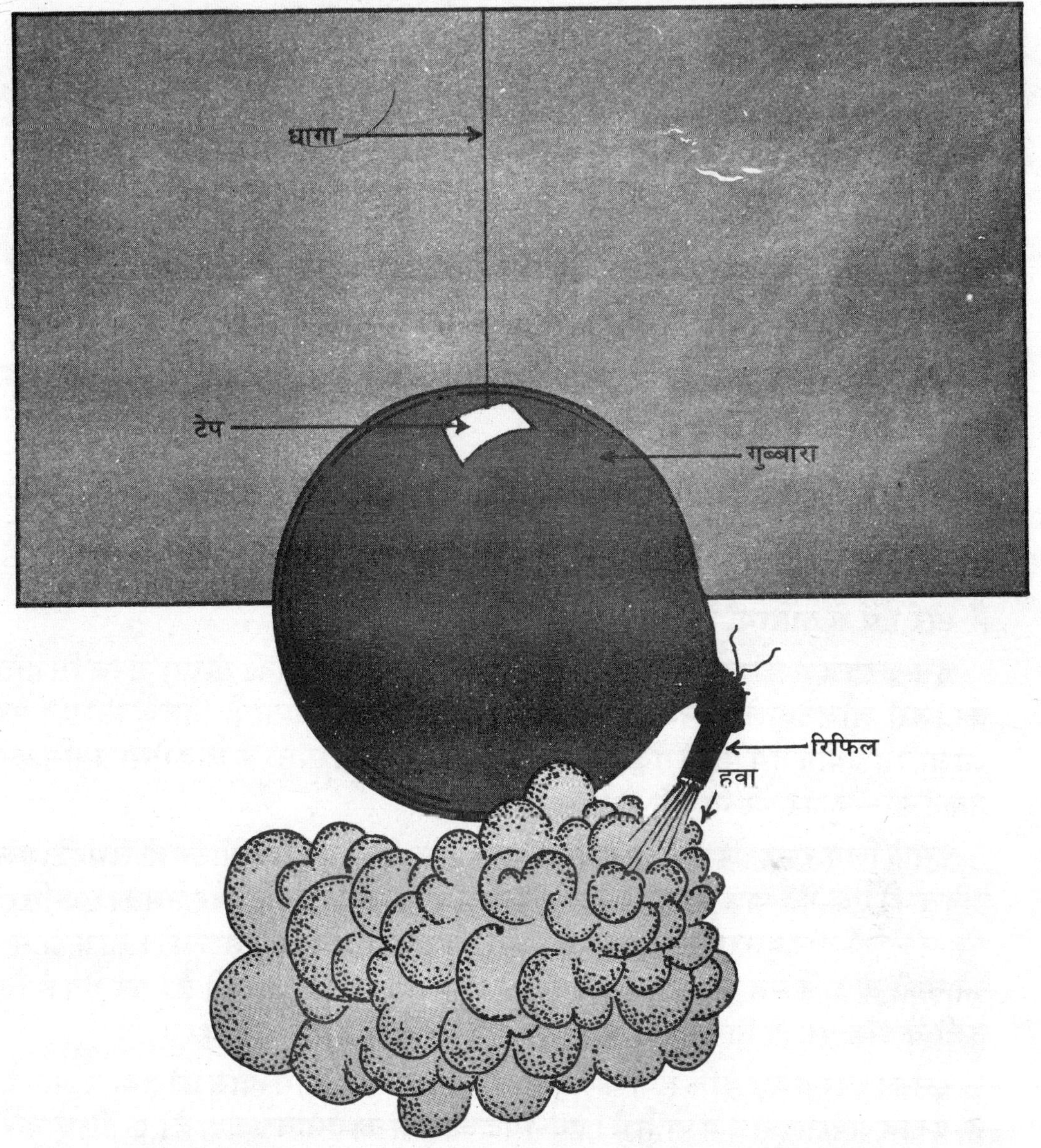

जब गुब्बारे का हिलना-डुलना बंद हो जाए तब कैंची से रिफिल का मुँह काट दो। इससे गुब्बारे में से तेजी से हवा निकलती है। साथ ही गुब्बारा गोल-गोल घूमने लगता है।

गुब्बारा हवा के तेजी से बाहर निकलने की प्रतिक्रिया के रूप में घूमने लगता है।

35. गेंद नाचे हवा की फुहार पर

सरकस में तुमने देखा होगा कि एक आदमी नली में से जोर से पानी की धार गिराता है। नली के सिरे पर गेंद होती है जो उस पानी की धार पर नाचती रहती है। न तो वह धार से अलग होती है और न ही गिरती है। दर्शक इसे उस व्यक्ति का कौशल समझते हैं और हर्ष से तालियाँ बजाने लगते हैं।

इस करतब में कौशल का इतना हाथ नहीं है जितना भौतिकी के एक सरल सिद्धांत का जिसे खोजनेवाले के नाम पर बरनौली सिद्धांत कहा जाता है (इसके सिद्धांत पर आधारित प्रयोग तुम पहले पढ़ चुके हो)। तुम भी कुछ अभ्यास के बाद ऐसा प्रयोग कर सकते हो—फुहार पर नाचती गेंद का प्रयोग।

इसके लिए रबर की एक नली, जिसका व्यास 0.5-1.0 सेंटीमीटर हो तथा टेबिल टेनिस की एक गेंद मात्र चाहिए। रबर की नली को अच्छी तरह धोकर उसका एक सिरा मुँह में ले लो और दूसरा सिरा ऊपर की ओर मोड़ लो। अब जोर से फूँको। साथ ही गेंद को नली के खुले मुँह पर रख दो। हवा की फुहार गेंद को उछालती है। पर गेंद है कि नली के मुँह पर ही गिरती है। वह फुहार से दूर नहीं जाना चाहती।

इसका कारण यह है कि हवा की फूँक में, जिसकी गति आस-पास की हवा से अधिक है, दबाव अपेक्षाकृत कम होता है। इर्द-गिर्द की हवा का दबाव ज्यादा है। इसलिए चारों ओर से हवा उसे फुहार की ओर ही दबाती रहती है।

अब पानी की धार के साथ प्रयोग। उसी गेंद पर प्लास्टिलीन या चिपकानेवाले टेप की मदद से एक धागा चिपका दो। धागा पकड़कर उसे पानी की धार के पास लाओ। धार गेंद को अपनी ओर खींच लेती है। अगर तुम धागे को धीरे-से खींचो तब भी गेंद धार के पास ही बनी रहती है। वह धागे को तिरछी स्थिति में ताने रहती है।

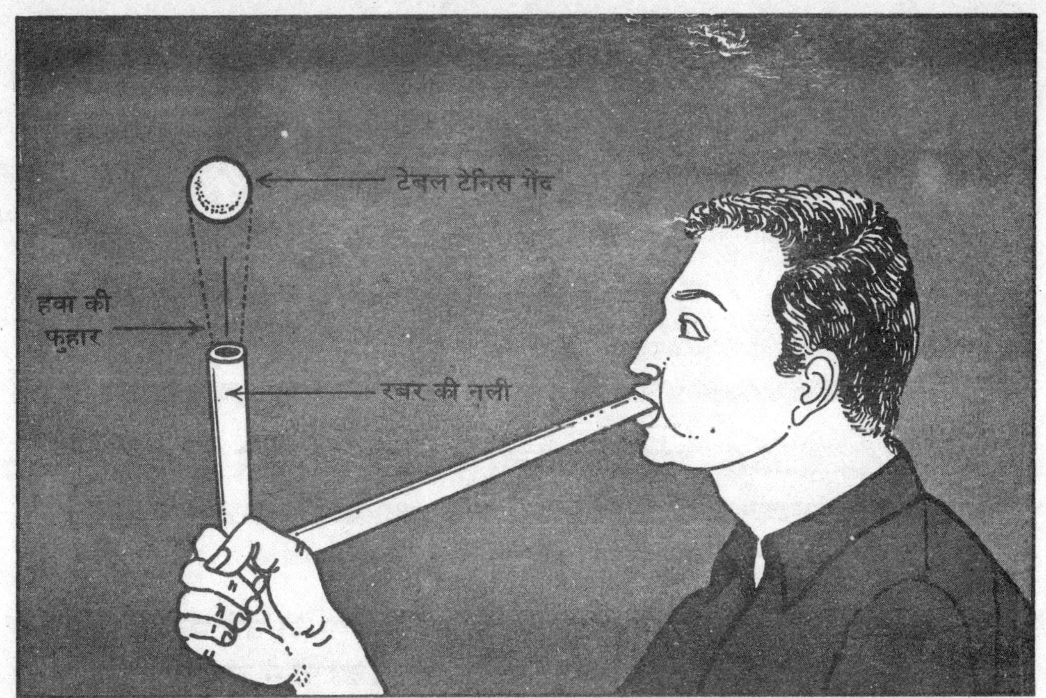
टेबल टेनिस गेंद
हवा की फुहार
रबर की नली

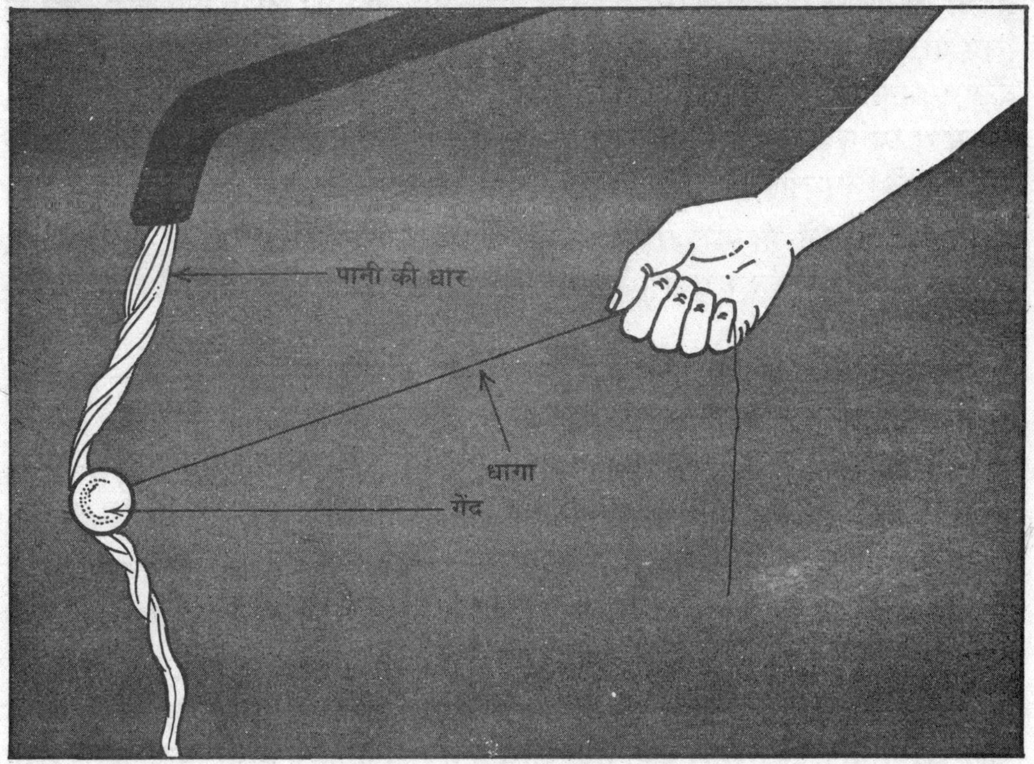

पानी की धार
धागा
गेंद

36. छाता खोलो–आवाज सुनो

गरमी और प्रकाश की भाँति ध्वनि भी ऊर्जा का एक रूप है। उसे भी ऊर्जा के अन्य रूपों में बदला जा सकता है। प्रकाश की भाँति वह भी तरंगों में चलती है पर उसकी तरंगों की प्रकृति प्रकाश तरंगों से भिन्न होती है। ध्वनि की तरंगों को आगे बढ़ने के लिए माध्यम की जरूरत होती है–वे निर्वात में नहीं चल सकतीं। साथ ही ध्वनि तरंगों के वेग का माध्यम के घनत्व से सीधा संबंध होता है। जो माध्यम जितना सघन होगा उसमें से ध्वनि तरंगें उतनी ही अधिक दूर तक जाएँगी। इसीलिए ध्वनि को दूर तक पहुँचाने के लिए लोहे के तारों का उपयोग किया जाता है।

पर ध्वनि तरंगें भी प्रकाश की तरंगों की भाँति परावर्तित होती हैं। इस गुण पर आधारित एक मनोरंजक प्रयोग–जिसके लिए चाहिए केवल दो छाते और एक टाइम पीस घड़ी।

पहले एक छाते को खोल लो और उसके अंदर की ओर घड़ी को रख दो। तुम उसके पास अपना कान ले जाओ। तुम्हें घड़ी की टिक्-टिक् सुनाई देगी। धीरे-धीरे घड़ी से दूर होते चले जाओ। घड़ी की आवाज भी धीमी होती चली जाएगी। एक ऐसी जगह आ जाएगी जहाँ तुम्हें वह आवाज सुनाई देनी बंद हो जाएगी।

अब दूसरा छाता भी खोल लो और उसे अपने कान के दूसरी ओर इस प्रकार रख दो कि दोनों छातों के खुले भाग आमने-सामने हों। ऐसा करते ही तुम्हें घड़ी की टिक्-टिक् फिर सुनाई देने लगेगी। इसका क्या कारण है ?

घड़ी से निकलनेवाली ध्वनि की तरंगें छाते से टकराकर परावर्तित होती हैं। इनमें से कुछ परावर्तित तरंगें तुम्हारे कान तक पहुँचती हैं। बाकी आगे बढ़ते-बढ़ते क्षीण होती

जाती हैं। जब तुम उस स्थान पर पहुँचते हो जहाँ टिक्-टिक् की ध्वनि सुनाई देनी बंद हो जाती है वहाँ भी बहुत-सी क्षीण तरंगें होती हैं। तुम्हारे दूसरा छाता खोलकर पहले के सामने रख देने से वे उससे टकराकर फिर से परावर्तित होती हैं। पर इस बार इनके बढ़ने की दिशा उलट जाती है। इनमें से कुछ तरंगें तुम्हारे कान में भी पहुँच जाती हैं जिससे तुम्हें फिर से घड़ी की ट्टिक-टिक् सुनाई देने लगती है।

खाली कमरे में तुम्हें अपनी आवाज की जो गूँज सुनाई देती है। वह ध्वनि की तरंगों के परावर्तन के फलस्वरूप ही उत्पन्न होती है। जब कमरे में वस्तुएँ रख दी जाती हैं तब ध्वनि तरगें उन वस्तुओं द्वारा अवशोषित हो जाती हैं। इसलिए गूँज नहीं सुनाई देती।

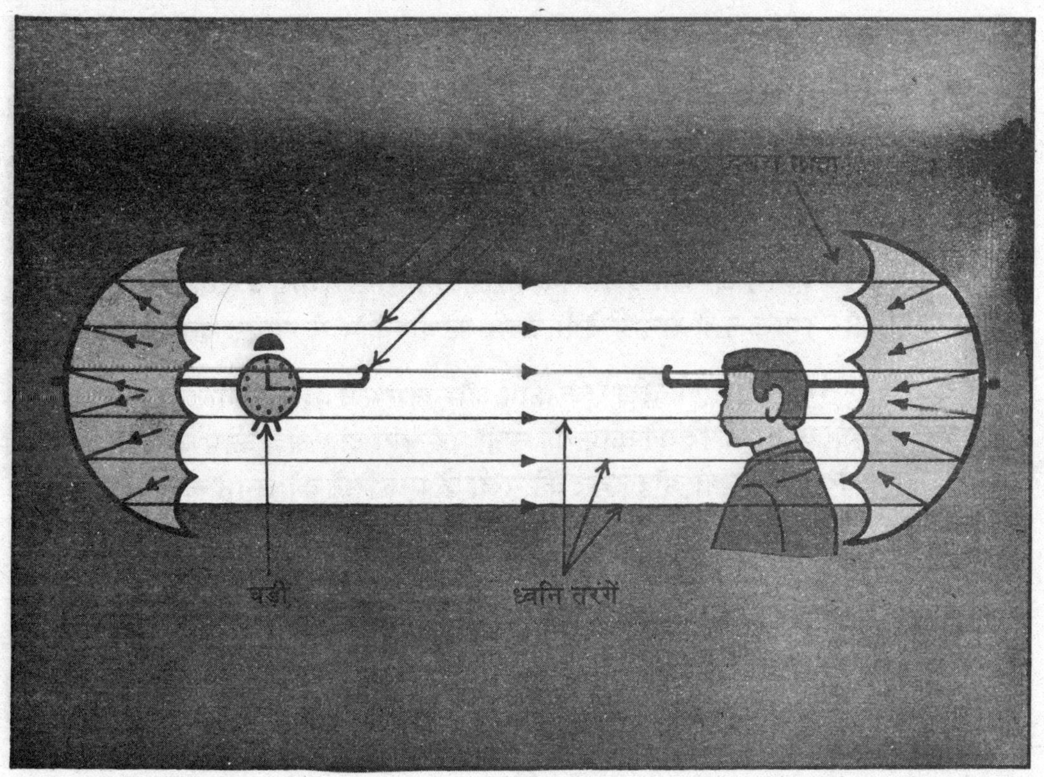

37. दिल की धड़कन सुनो

जब तुम बीमार होते हो तब डॉक्टर तुम्हारे दिल की धड़कन की भी जाँच करता है। दिल के धड़कने की गति और तरीके से वह जान लेता है कि मनुष्य को कौन-सा रोग है। इसके लिए डॉक्टर स्टेथोस्कोप का उपयोग करते हैं। इससे उन्हें धड़कन साफ-साफ सुनाई देती हैं। यह एक महँगी युक्ति है, पर तुम भी ऐसी सरल और सस्ती युक्ति बना सकते हो जिससे किसी आदमी के दिल की धड़कन साफ सुनाई दे सकती है। परंतु वह इतनी तेज और स्पष्ट नहीं सुनाई देगी जैसी स्टेथोस्कोप से सुनाई देती है।

इसके लिए तुम्हें चाहिए केवल एक कीप और लगभग 40 सेंटीमीटर लंबी रबर की एक नली। नली के एक सिरे को कीप की नली पर चढ़ा दो। अब कीप के चौड़े भाग को अपने मित्र के दिल पर रखो और रबर की नली के एक सिरे को अपने कान में लगा लो। तुम्हें अपने दोस्त के दिल की धड़कनें साफ सुनाई देंगी।

तुम जानते हो कि ध्वनि तरंगों की गति हवा की अपेक्षा रबर में कहीं अधिक तेज होती है। साथ ही वे रबर की नली में से, बिना फैले, तुम्हारे कान तक पहुँच जाती हैं। इसलिए तुम्हें अपने दोस्त के दिल की धड़कन जो बिना युक्ति के सुनाई नहीं दे रही थी, अब साफ सुनाई देने लगती है।

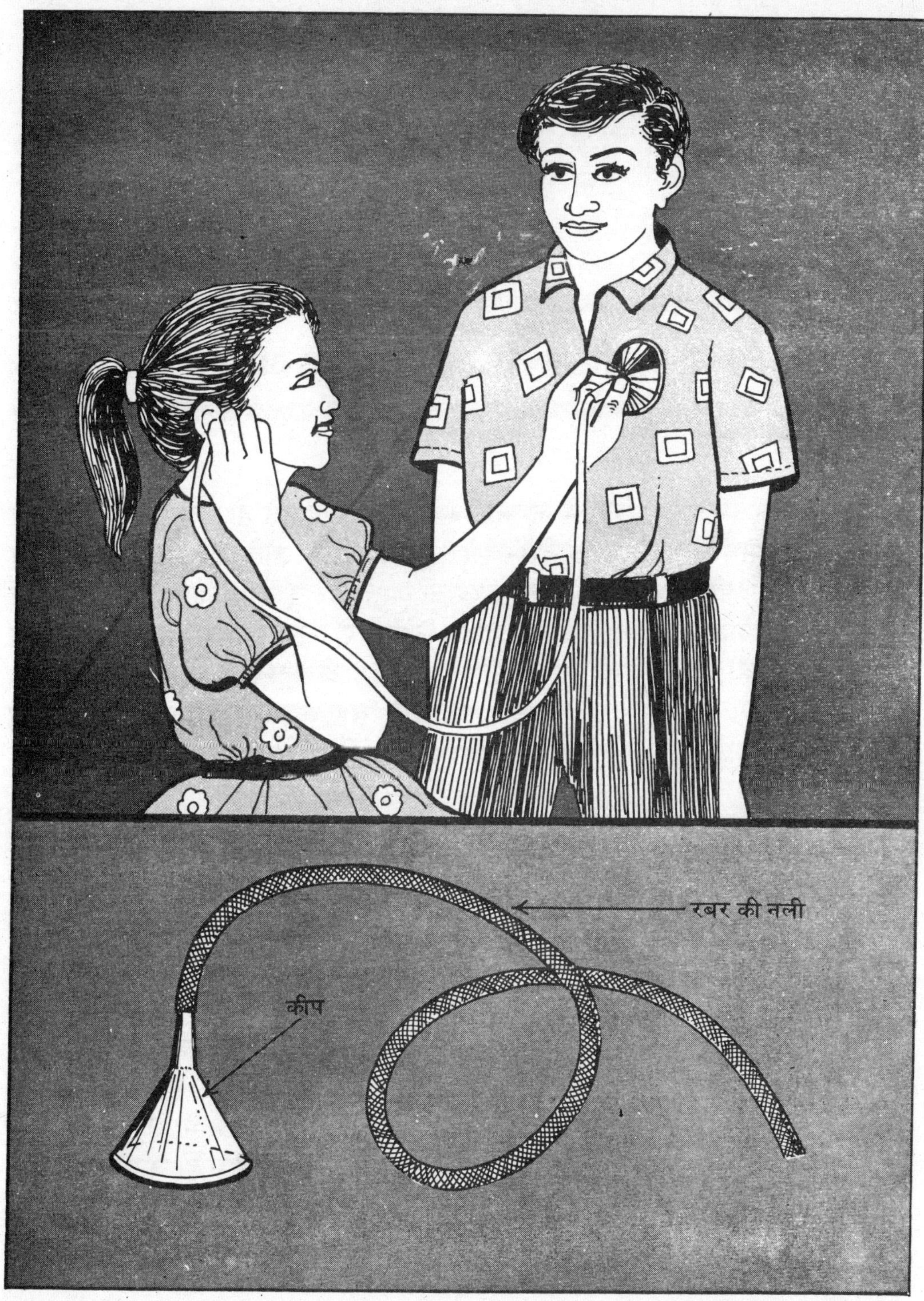
रबर की नली
कीप

38. मोमबत्ती जले पानी के अंदर

तुम दर्पण (समतल दर्पण) में अपना बिंब प्रतिदिन देखते हो। अपना बिंब देखते समय तुमने ध्यान दिया होगा कि जैसे-जैसे तुम दर्पण से दूर होते जाते हो, तुम्हारा बिंब भी उतना ही, दर्पण के पीछे की ओर सरकता जाता है। तुम यह जानते हो कि दर्पण बहुत पतला है और उसके पीछे दीवार है तब बिंब पीछे कैसे सरकता जाता है? वास्तव में ऐसा होता नहीं, केवल तुम्हें प्रतीत होता है। प्रकाश के परावर्तन के फलस्वरूप ऐसा होता है और दर्पण में तुम्हारा जो बिंब बनता है वह आभासी होता है—वास्तविक नहीं। इस आभासी बिंब से तुम अनेक 'जादुई खेल' दिखा सकते हो। ऐसा एक प्रयोग हम तुम्हें बता रहे हैं।

इसके लिए तुम्हें चाहिए एक मोमबत्ती, काँच का एक गिलास जिसमें पानी भरा हो और एक सपाट पारदर्शी काँच।

पहले काँच को उसके दोनों किनारों पर, लकड़ी के दो-दो गुटके लगाकर, सीधा खड़ा कर लो। अब काँच के सामने की ओर, उससे लगभग 15 सेंटीमीटर की दूरी पर, जलती हुई मोमबत्ती रखो तथा काँच के पीछे की ओर उतनी ही दूरी पर पानी से भरा काँच का गिलास रख दो। अगर तुम काँच में से गिलास को देखते हो तो तुम्हें मोमबत्ती पानी के अंदर जलती हुई प्रतीत होती है। वास्तव में तुम्हें काँच में मोमबत्ती का आभासी बिंब और गिलास दोनों एक साथ दिखाई देते हैं और बिंब भी उसी स्थान पर स्थित प्रतीत होता है जहाँ गिलास रखा हुआ है। इससे तुम्हें यह भ्रम हो जाता है कि तुम गिलास में भरे पानी में जलती हुई मोमबत्ती को देख रहे हो।

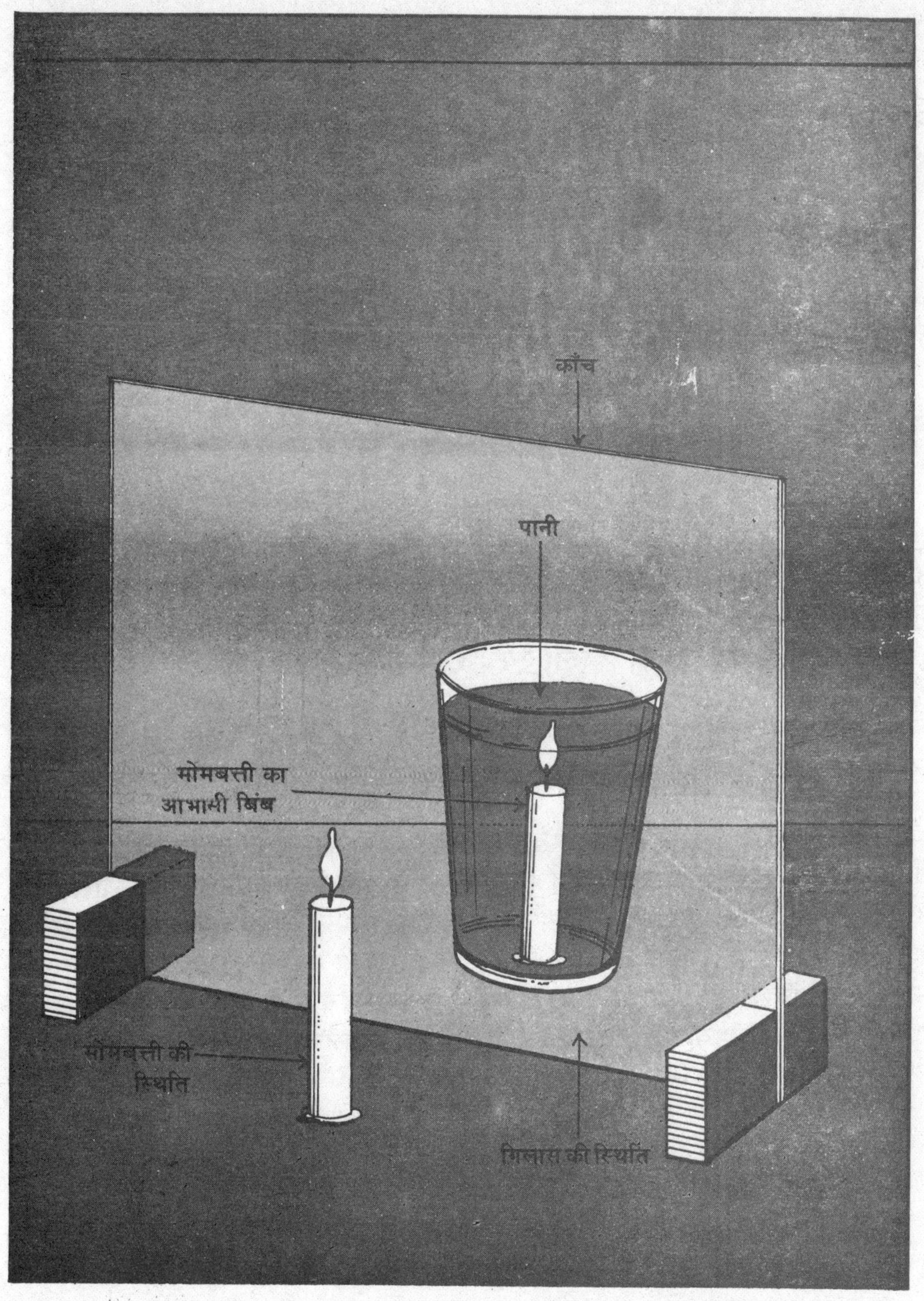
काँच
पानी
मोमबत्ती का
आभासी बिंब
मोमबत्ती की
स्थिति
गिलास की स्थिति

39. पानी भरो सिक्का दिखे

चाय के एक खाली कप में एक सिक्का रखो। वह तुम्हें साफ दिखाई देता है। अब अपना सिर नीचा करो। वह इतना साफ नहीं दिखाई देता है। फिर अपना सिर और नीचा करो, वह और धुँधला हो जाता है। सिर को और नीचा करते जाने से एक स्थिति ऐसी आ जाती है जब सिक्का दिखना एकदम बंद हो जाता है।

इस स्थिति में अपने सिर को उठाए बगैर अपने दोस्त से कहो कि वह कप में पानी भर दे। अरे! पानी भरते ही सिक्का फिर से दीखने लगा। हो गया न करिश्मा!

अपने सिर को धीरे-धीरे नीचा करते जाने से सिक्के से परावर्तित होनेवाली प्रकाश की किरणों का तुम्हारी आँख तक पहुँचना धीरे-धीरे कम होता जा रहा था इसीलिए सिक्का अस्पष्ट होता जा रहा था। फिर एक ऐसी स्थिति आ गई जब सिक्के से आनेवाली प्रकाश की किरणें तुम्हारी आँखों तक पहुँच ही नहीं पाती थीं। उस समय तुम्हें सिक्का दिखना बंद हो गया था। कप में पानी भरने के फलस्वरूप सिक्के से आनेवाली किरणें अपवर्तित होकर तुम्हारी आँख तक पहुँचने लगीं। इसलिए तुम्हें सिक्का फिर से दिखने लगा।

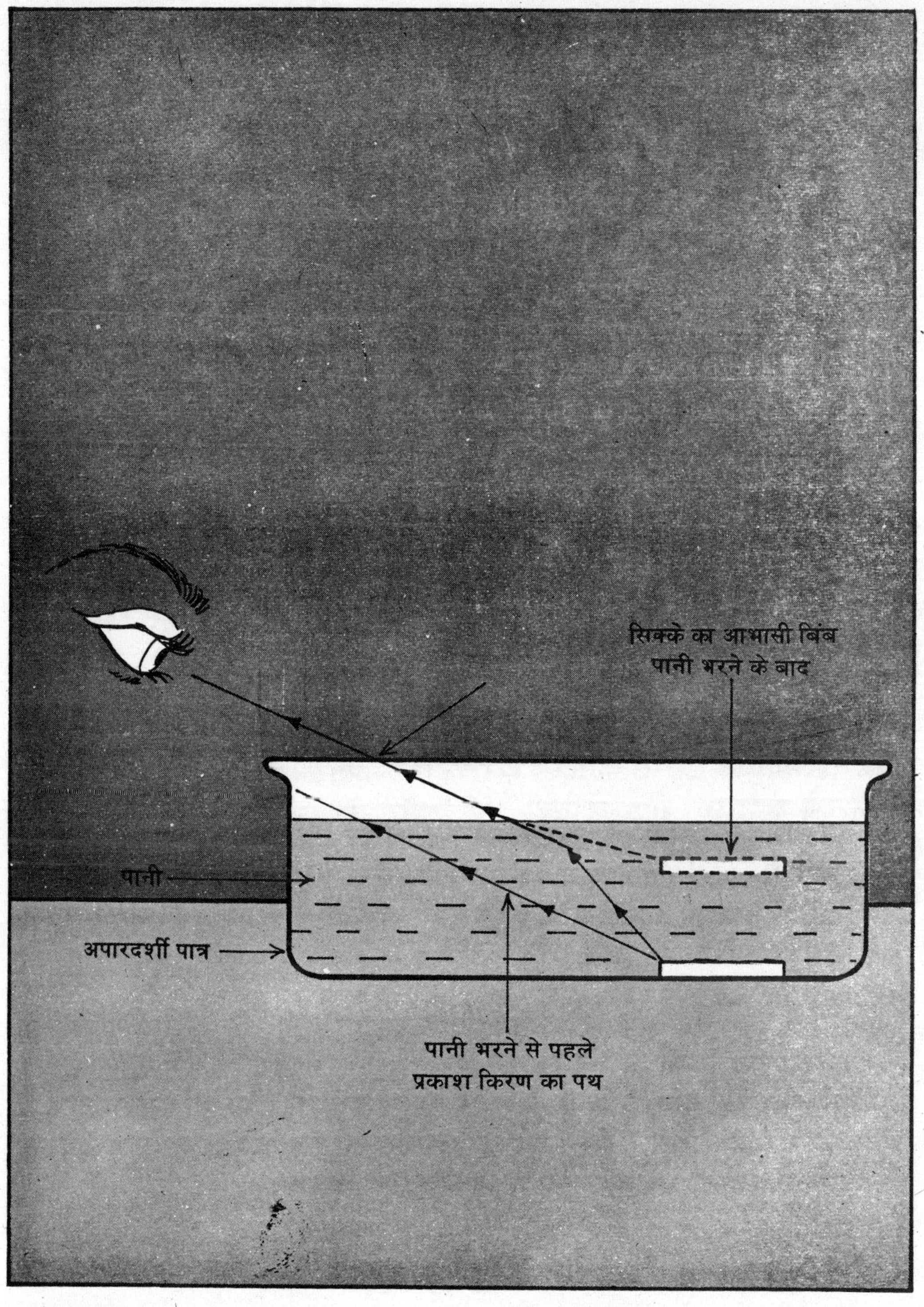
सिक्के का आभासी बिंब
पानी भरने के बाद
पानी
अपारदर्शी पात्र
पानी भरने से पहले
प्रकाश किरण का पथ

40. वाष्प की गद्दी पर बूँदें नाचें

अपने कपड़ों पर इस्तिरी करते समय, गरम इस्तिरी पर पानी छिड़कने पर तुमने एक विचित्र बात देखी होगी। पानी की बूँदें एकदम वाष्प नहीं बन जातीं, वे गरम इस्तिरी पर नाचने लगती हैं। कुछ क्षण नाचने के बाद ही वे वाष्प बनकर उड़ती हैं। तुममें से अधिकांश बच्चे यह नहीं समझ पाते कि ऐसा क्यों होता है?

गरम इस्तिरी पर गिरनेवाली पहली पानी की बूँद एकदम वाष्प बन जाती है। पर वह उड़ नहीं पाती कि उस पर पानी की और बूँदें गिर जाती हैं। वे गरम इस्तिरी के सीधे संपर्क में नहीं आतीं वरन् वाष्प पर टिकी रहती हैं और उसी पर लुढ़कती रहती हैं। वाष्प की यह गद्दी कुछ क्षणों तक कुचालक तह का काम करती है। पर धीरे-धीरे पानी की बूँदों का ताप इतना अधिक हो जाता है कि वे भी वाष्प में बदल जाती हैं। उस समय वे (वाष्प बनकर) उड़ जाती हैं।

एक बात पर तुमने अवश्य ध्यान दिया होगा कि पानी और जलवाष्प ताप के कुचालक हैं। उन्हें किसी भी स्थान पर गरम करने से गरमी पूरे पदार्थ में नहीं फैलती। इसके विपरीत वे संवहन क्रिया से गरम होते हैं। इस क्रिया में ऊष्मा हमेशा नीचे से ऊपर की ओर ही फैलती है। इस गुण का उपयोग करके एक रोचक प्रयोग अकसर किया जाता है जिसमें उबलते पानी में भी बर्फ नहीं पिघलती।

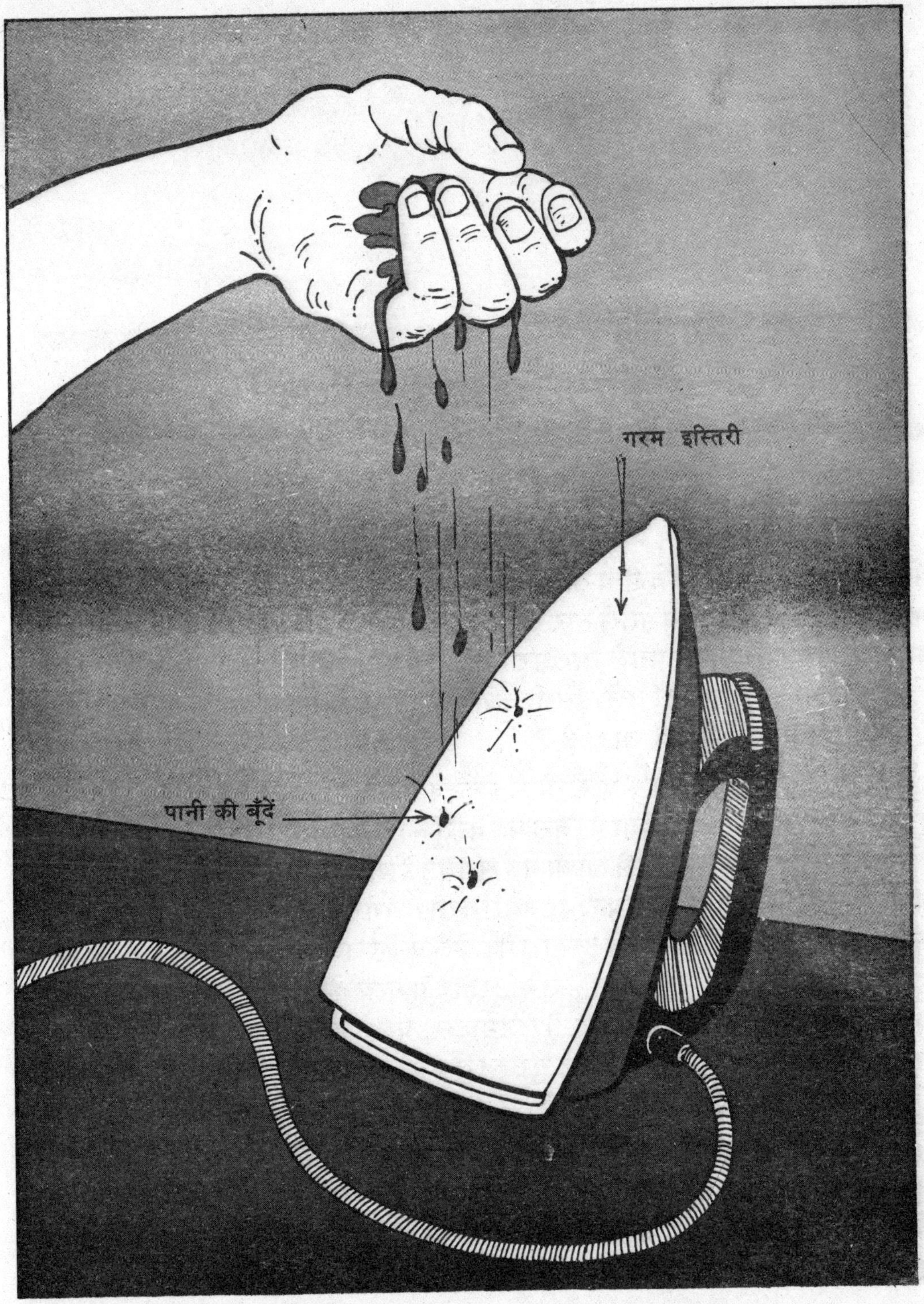
गरम इस्तिरी
पानी की बूँदें

41. पेंसिल पर कागज साधना

बच्चों को सरकस देखने में बहुत आनंद आता है। उसमें तुम्हें खूँखार जानवरों, शेर, चीते आदि के करतबों को देखना तो अच्छा लगता ही है, साथ ही वे खेल भी तुम्हें बहुत अच्छे लगते हैं जिनमें लोग पतले तार आदि पर अपना संतुलन बनाए रखते हैं जैसे, तार पर साइकिल चलाना या पतले तार पर एक बड़ा बाँस लेकर झूलते हुए चलना। इन खेलों को देखकर तुम दाँतों तले उँगली दबा लेते हो। तुम्हारी समझ में नहीं आता कि ऐसा किस प्रकार संभव हो जाता है ?

हम तुम्हें बताएँ कि इन सब खेलों में गुरुत्व केंद्र की स्थिति महत्त्वपूर्ण होती है। गुरुत्व केंद्र एक ऐसा बिंदु होता है जिस पर वस्तु का पूरा वजन टिका हुआ प्रतीत होता है। अगर तुम्हारे गुरुत्व केंद्र से खींची गई लंबवत् रेखा तुम्हारे दोनों पैरों के बीच में आ जाती है तब तुम कितना भी झुकने पर नहीं गिरते। अगर ऐसा नहीं होता तब तुम थोड़ा भी झुकने पर गिर जाते हो। जब तुम्हारा पैर केले के छिलके अथवा किसी अन्य चिकनी वस्तु पर, अनजाने में, पड़ जाता है तब तुम्हारे गुरुत्व केंद्र की स्थिति एकदम बदल जाती है। वैसे तुम अगर सँभलकर, पैर जमाकर, चलते हो तब केले के छिलके पर भी चल सकते हो। उस समय तुम अपने गुरुत्व केंद्र को 'सही स्थिति' में बनाए रखते हो।

एक वर्गाकार कागज को पेंसिल पर संतुलित करने के लिए तुम्हें मोटे कागज का 10 × 10 सेंटीमीटर का टुकड़ा और एक पेंसिल मात्र चाहिए। तुम जानते हो कि किसी वर्ग का गुरुत्व केंद्र उस बिंदु पर स्थित होता है जिस पर दोनों विकर्ण एक-दूसरे को काटते हैं। इस बिंदु पर पेंसिल की नोक रखकर उस पर तुम कागज को संतुलित कर सकते हो। पर संतुलित करने का एक और तरीका है।

विकर्णों के खींचने से कागज चार छोटे त्रिभुजों में बँट जाता है। तुम इनमें से एक त्रिभुज को काटकर अलग कर दो। अब पेंसिल पर बचे हुए कागज को आसानी से संतुलित करके खड़ा किया जा सकता है।

इस स्थिति में तुम कागज के गुरुत्व केंद्र को आधार (पेंसिल) पर अथवा उसके नीचे ले आते हो। सरकस में पतले तार पर साइकिल चलानेवाले व्यक्ति का गुरुत्व केंद्र भी तार के नीचे स्थित होता है। ऐसा करने के लिए अनेक बार साइकिल के मध्यभाग से नीचे की ओर दो समान वजन के लोहे के टुकड़े भी लटका दिए जाते हैं।

पतले तार पर चलनेवाले आदमी को अपने हाथों में लंबा बाँस गुरुत्व केंद्र को तार के नीचे रखने के लिए लेना पड़ता है।

गुरुत्व केंद्र की स्थिति को उपयुक्त बिंदु पर रखकर तुम काँटों और छुरियों को भी संतुलित कर सकते हो। इसी प्रकार बोतल के ढक्कन के छेद में घुसी मोटी सूई पर काँटों को संतुलित कर सकते हो। इन काँटों को घुमाया भी जा सकता है।

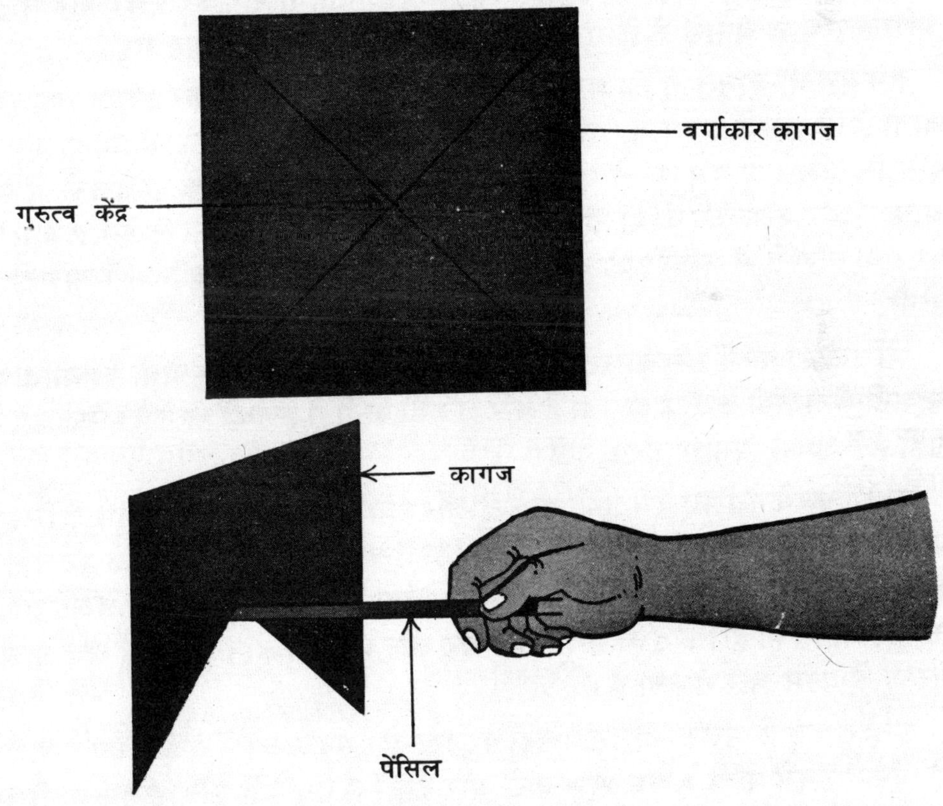

42. कौन-सा पलड़ा भारी?

तुम जानते हो कि लकड़ी पानी से हलकी होती है और वह पानी में तिर जाती है। हमारे आदिपूर्वज लकड़ी के लट्ठों पर बैठकर ही नदियाँ पार करते थे। बाद में उनको अधिक सुचारु बनाने के लिए उपयुक्त आकार देंकर नावें बनाई गईं।

तुम यह भी जानते हो कि अगर किसी वस्तु को पानी में डुबोकर उसका वजन लिया जाता है तो उसके वजन में (हवा में लिए गए वजन की तुलना में) कमी आ जाती है। इसी सिलसिले में हम तुमसे एक प्रश्न पूछते हैं। एक तराजू के दो पलड़ों में समान आकार और वजन की दो बालटियाँ रखी हैं। दोनों बालटियाँ पानी से लबालब भरी हैं। पर एक बालटी में लकड़ी का एक टुकड़ा भी पड़ा है। बताओ कौन-सी बालटी भारी होगी?

अधिकांश बच्चे उस बालटी को भारी बताएँगे जिसमें केवल पानी है क्योंकि दूसरी बालटी में लकड़ी का टुकड़ा पड़ा है और लकड़ी पानी से हलकी होती है। क्या यह उत्तर सही है? आओ, प्रयोग करके देखें।

प्रयोग करने के लिए हम तुम्हें बालटी और लकड़ी का बड़ा टुकड़ा लेने के लिए नहीं कहेंगे क्योंकि ऐसा करने पर तुम्हें बहुत बड़ी तराजू लेनी पड़ेगी। उनके बदले तुम दो डब्बे (लगभग आधा लिटरवाले) और एक छोटा लकड़ी का टुकड़ा ले सकते हो। यह तो तुम जानते ही हो कि डब्बे समान आकार और वजन के होने चाहिए। अब साधारण तराजू से काम चल सकता है।

उन्हें तराजू के अलग-अलग पलड़ों पर रख दो। एक डब्बे में लकड़ी का टुकड़ा डाल दो। फिर उनमें पानी भरना शुरू करो और दोनों में एक-सी ऊँचाई तक पानी भरो।

फिर देखो कि कौन-सा पलड़ा भारी है? तुम पाते हो कि दोनों पलड़े एक-दूसरे को पूरी तरह संतुलित कर रहे हैं यानी दोनों डब्बों का वजन बराबर है। क्यों?

यह सही है कि उस डब्बे में, जिसमें लकड़ी का टुकड़ा पड़ा है, कम पानी है क्योंकि तिरते हुए लकड़ी के टुकड़े ने कुछ पानी विस्थापित कर दिया है। तिरने के सिद्धांत के अनुसार, टुकड़े ने ठीक अपने भार के बराबर पानी विस्थापित किया है अर्थात् जितने भार का लकड़ी का टुकड़ा डब्बे में पड़ा है उतने ही भार का पानी विस्थापित हुआ है। इसीलिए तराजू के दोनों पलड़े संतुलित हैं।

इस प्रयोग की ही भाँति तुम एक अन्य प्रयोग भी कर सकते हो। उसमें तराजू के पलड़े पर एक गिलास में कुछ पानी और (गिलास से बाहर) एक बाट रखो। दूसरे पलड़े पर केवल बाट रखकर दोनों पलड़ों को संतुलित कर लो। अब पहले पलड़े पर रखे बाट को उठाकर गिलास के अंदर डाल दो। इस स्थिति में भी दोनों पलड़े संतुलित रहेंगे।

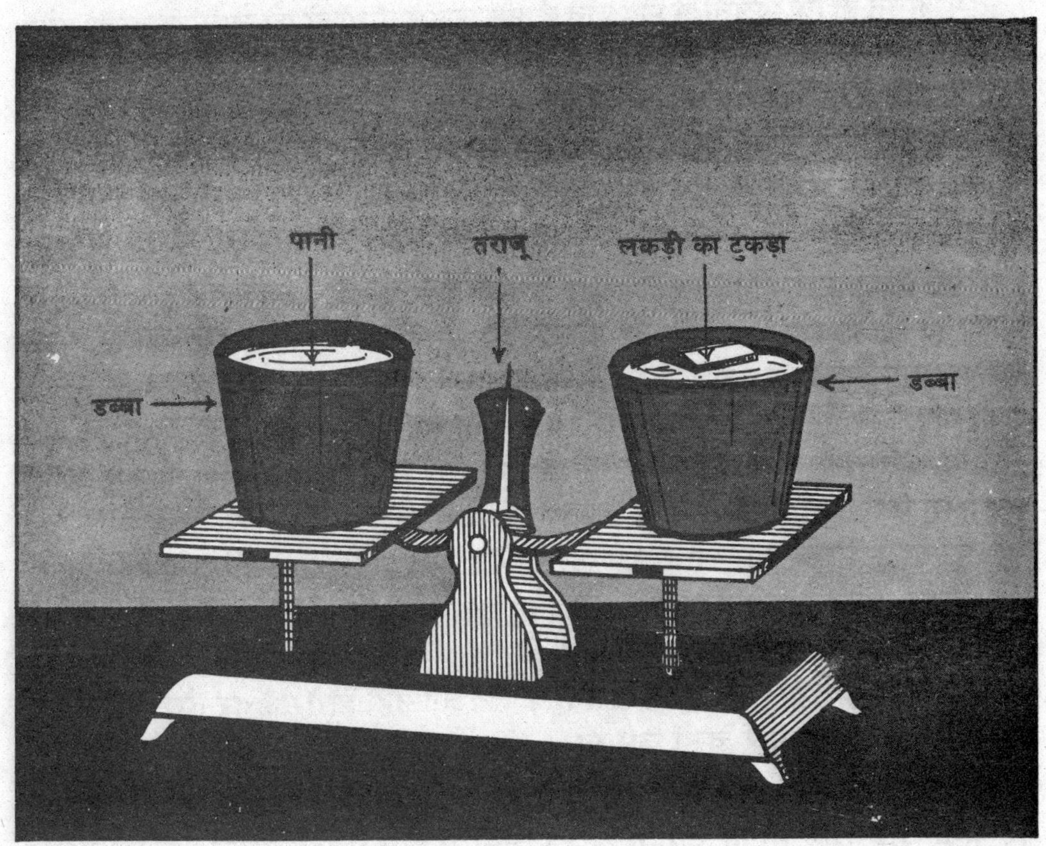

43. छलनी में पानी भरना

तुम जानते हो कि छलनी में छेद होते हैं और उसमें से चीजों को छाना जाता है। मोटी वस्तु या कण उसके ऊपर बच रहते हैं जबकि बारीक कण छलनी के छेदों में से नीचे निकल जाते हैं। किसी द्रव को छानने पर अघुलनशील कण छलनी के ऊपर रह जाते हैं। अब अगर तुम से यह कहा जाए कि तुम छलनी में भी पानी उसी प्रकार भर सकते हो जैसे कटोरे में भरते हो, तब तुम एकदम विश्वास नहीं करोगे। हम तुम्हें बताएँ कि तुम स्वयं भी ऐसा कर सकते हो—हाँ, छलनी को पहले 'उपचारित' करना होगा।

इसके लिए तुम्हें चाहिए महीन तार से बनी एक छलनी (अगर वह 15 सेंटीमीटर चौड़ी हो तो बेहतर है)। साथ ही उसके छेद भी बहुत बड़े नहीं होने चाहिए। छेद लगभग एक मिलीमीटर बड़े हों तो काम चल सकता है। इसे पिघले पैराफीन मोम में डुबो दो। पैराफीन मोम से ही मोमबत्तियाँ बनी होती हैं। पिघलाने के लिए उसे एक धातु के बरतन में ले लो। उस बरतन को पानी-भरे बड़े भगोने में रख दो और भगोने को गरम करो। भगोने में पानी के उबलने से पहले ही पैराफीन पिघलने लगेगा। जब वह पूरी तरह पिघल जाए तो उसमें छलनी को डुबो दो और जल्दी से बाहर निकाल लो। बाहर निकालते ही पैराफीन ठोस होने लगेगा। इस प्रकार छलनी के तारों पर पैराफीन की एक पतली परत जम जाएगी। यह परत इतनी पतली होगी कि तुम्हें मुश्किल से ही दिखेगी। पर इससे छलनी के छेद बंद नहीं होंगे। अगर तुम छेदों में सूई डालोगे तो वह आर-पार चली जाएगी।

अब इस उपचारित छलनी में तुम पानी भर सकते हो। वह छेदों में से नहीं गिरेगा। पर पानी धीरे-धीरे भरना चाहिए और छलनी में ठोकर नहीं लगनी चाहिए अर्थात्

छलनी हिलानी नहीं चाहिए। अगर तुमने उसे जोर से हिलाया तो पानी गिरने लगेगा।

छलनी में से पानी क्यों नहीं गिरता जबकि उसके छेद खुले हुए हैं? इसका कारण यह है कि पानी पैराफीन को भिगोता नहीं है। वह छेदों के पास महीन झिल्लियाँ बनाता है। इनकी निचली सतह नीचे की ओर उभरी हुई होती है। ये झिल्लियाँ ही पानी को गिरने से रोकती हैं।

पैराफीन में डुबोई गई छलनी को पानी पर रखा भी जा सकता है। उसमें पानी नहीं भरेगा।

वास्तव में छलनी को पैराफीन में डुबोकर उस पर जो महीन झिल्ली चढ़ाई गई, वैसी ही झिल्ली (परत) नावों पर कोलतार पोतकर, वस्तुओं पर तेल पोतकर, कपड़े पर रबड़ चढ़ाकर तैयार की जाती है। इन परतों से वस्तुएँ जल-सह्य बन जाती हैं।

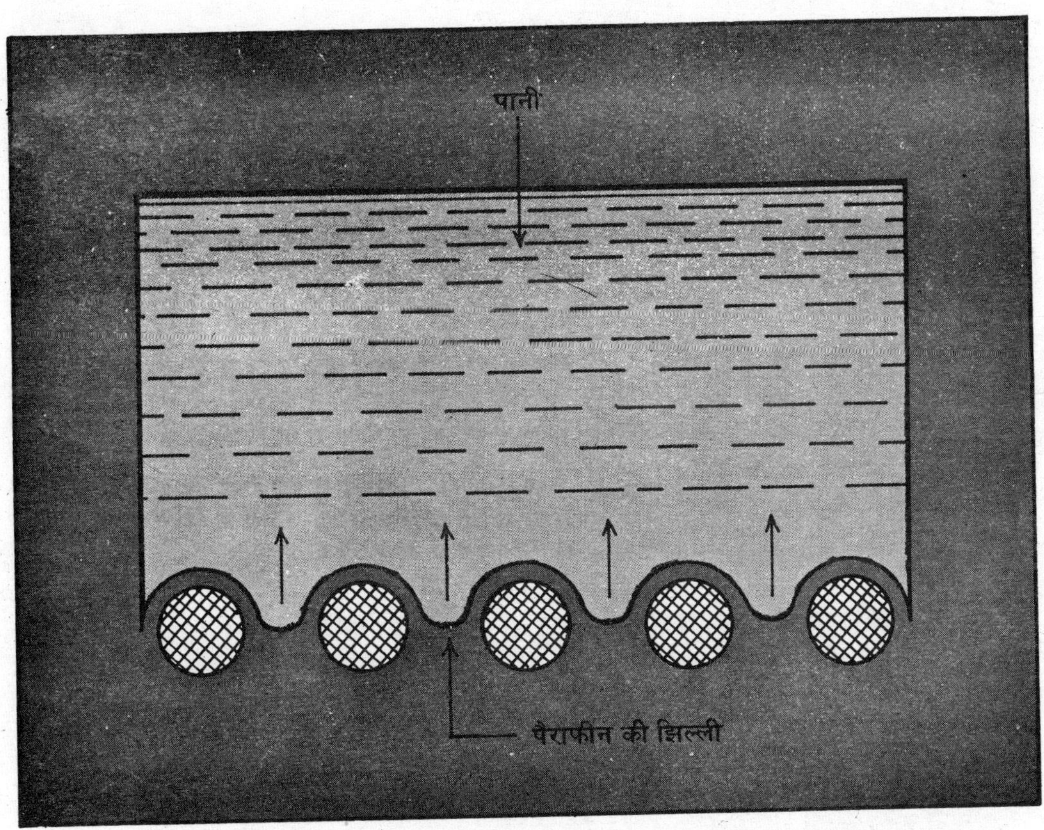

44. धागा जो जलता नहीं

तुम कागज की कटोरी में पानी उबालने के बारे में प्रयोग कर चुके हो (देखिए प्रयोग संख्या 9)। तुम्हें मालूम है कि ऐसा करते समय कागज क्यों नहीं जलता। इस बारे में कुछ लोगों का तो यह भी कहना है कि सावधानीपूर्वक प्रयोग करने पर तुम कागज की कटोरी में सीसा भी पिघला सकते हो। सीसे के पिघलने का ताप (गलन बिंदु) 335° सें है। पर यह ताप कागज के ज्वलन बिंदु से नीचा है।

इसी बारे में तुम्हें एक और मनोरंजक प्रयोग बताएँगे। इस प्रयोग में हम कागज की जगह धागा लेंगे। तुम जानते हो कि साधारण धागा भी ज्वलनशील पदार्थ है। यदि उसे मोमबत्ती की लौ के पास लाएँ तो वह जल्दी ही आग पकड़ लेता है पर किसी धातु के टुकड़े पर लपेट देने के बाद सीधी लौ पर गरम करने पर भी वह नहीं जलता।

इस प्रयोग को करने के लिए तुम्हें चाहिए पीतल या लोहे की एक चाबी, थोड़ा-सा मजबूत धागा, मोमबत्ती और गरम चाबी को पकड़ने के लिए सँड़सी अथवा चिमटा।

पहले चाबी पर धागे को कसकर लपेट दो। धागे की लपेटनें पास-पास, एक-दूसरे से सटी हुई हों। फिर मोमबत्ती जला लो और चाबी को सँड़सी से पकड़कर मोमबत्ती की लौ को धागे पर फेरो। इस बारे में यह सावधानी बरतो कि लौ किसी एक बिंदु पर बहुत देर नहीं टिके वरन् सब लपेटनों पर घूमती रहे। थोड़ी देर बाद तुम देखोगे कि चाबी लाल गरम हो जाती है लेकिन धागा नहीं जलता। क्यों ?

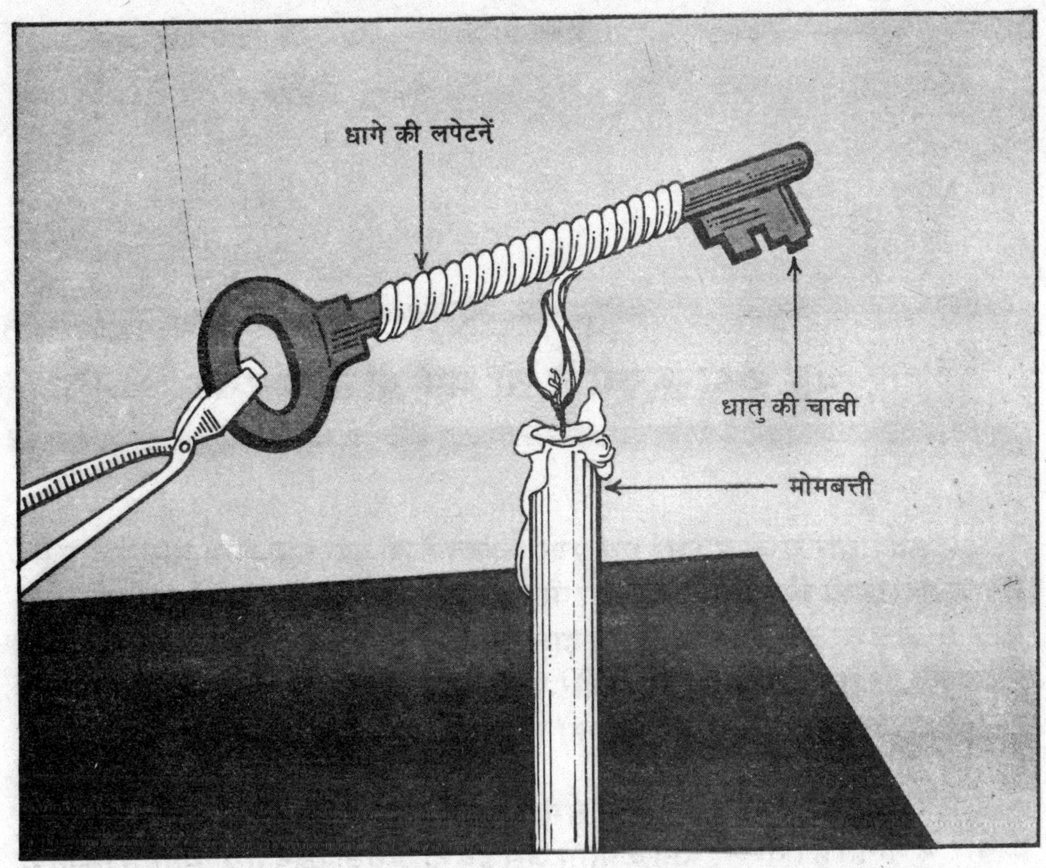

मोमबत्ती की लौ से जो गरमी धागे को मिलती है वह जल्दी ही चाबी को स्थानांतरित हो जाती है। चाबी सुचालक पदार्थ से बनी है इसलिए धागे से प्राप्त होने वाली गरमी शीघ्र ही पूरी चाबी पर फैल जाती है। इस प्रकार धागा इतना गरम नहीं हो पाता कि वह जल उठे। हाँ, एक ही स्थान पर काफी देर तक लौ लगाने से ऐसा हो सकता है।

45. ठंडा करना है तो बर्फ के नीचे रखो

कुछ होशियार बच्चे अकसर एक प्रयोग करते हैं जो करिश्मा जैसा मालूम देता है। वे एक परखनली को पानी से लगभग तीन-चौथाई भर लेते हैं। उसमें लोहे की छोटी कील से बाँधकर बर्फ का एक टुकड़ा डाल देते हैं। फिर परखनली के ऊपरी हिस्से को स्प्रिट लैंप पर गरम करते हैं। धीरे-धीरे पानी गरम होने लगता है पर उसमें पड़ी बर्फ नहीं पिघलती। वह उस समय भी नहीं पिघलती जब पानी उबलने लगता है।

इसका कारण वे बच्चे आसानी से समझ सकते हैं जो तरलों के गरम होने की क्रिया के बारे में जानते हैं। तरल, चाहे वे पानी जैसे द्रव हों अथवा कोई गैस, संवहन क्रिया से गरम होते हैं। उनकी निचली परत के अणु गरम होकर ऊपर उठते हैं और ऊपर की परत के ठंडे अणु नीचे आ जाते हैं। फिर वे भी गरम होकर ऊपर उठ जाते हैं और ऊपर के ठंडे अणु फिर नीचे आ जाते हैं। इस प्रकार एक चक्र बन जाता है जिसे संवहन चक्र कहते हैं। इस चक्र की मदद से सारा तरल पदार्थ गरम हो जाता है। इस बारे में ध्यान देने योग्य बात यह है कि चक्र मे गरम अणु हमेशा ऊपर की ओर ही जाते हैं और ठंडे अणु नीचे की ओर। चक्र उलटी दिशा में कभी नहीं चलता।

ऊपर दिए गए प्रयोग पर ध्यान दो। उसमें बर्फ के टुकड़े को लोहे की कील से बाँधकर पानी में छोड़ा गया था। अगर ऐसा नहीं किया जाता तो वह पानी के ऊपरी भाग में आ जाता क्योंकि बर्फ पानी से हलकी होती है। दूसरी बात यह है कि परखनली के केवल ऊपरी हिस्से को ही गरम किया गया था—निचले हिस्से को नहीं। इसलिए संवहन चक्र केतल ऊपरी भाग में ही बना था और केवल उस भाग का ही पानी गरम

हुआ था—निचले भाग का, जहाँ बर्फ पड़ी हुई थी, पानी गरम नहीं हुआ था। इस कारण परखनली में पड़ी बर्फ नहीं पिघली थी।

संवहन-चक्र पर आधारित एक और प्रयोग—पर गरम करने के लिए नहीं वरन् ठंडा करने के लिए।

जब तुम्हें कैंपा कोला, लिमका या अन्य ऐसे ही किसी पेय की बोतल ठंडी करनी होती है तब अकसर ही तुम उसे बर्फ के ऊपर रख देते हो। ऐसा करने से पेय को ठंडा होने में देर लगती है। अगर तुम बोतल को बर्फ के नीचे रखो तो वह अपेक्षाकृत जल्दी ठंडी हो जाएगी। आओ, इस बारे में प्रयोग करें।

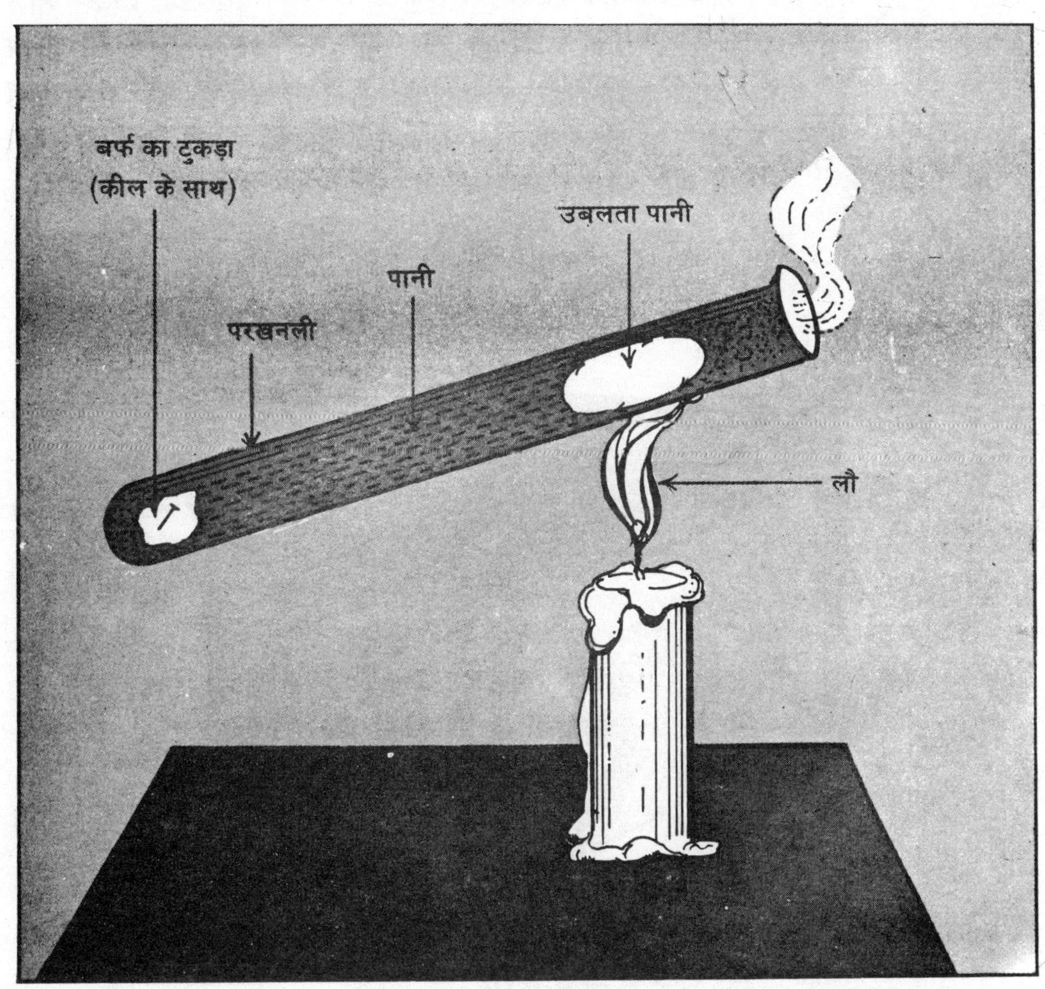

इसके लिए तुम्हें चाहिए शीतल पेय की दो बोतलें और बर्फ की सिल्ली। दोनों बोतलों का लगभग एक-सा ताप होना चाहिए। एक बोतल को बर्फ की सिल्ली के ऊपर रखो और दूसरी को नीचे। लगभग आधे घंटे के बाद दोनो बोतलों को निकालकर देखो कि कौन-सी अधिक ठंडी हुई है। तुम पाओगे कि वह बोतल जिसे बर्फ के नीचे रखा गया था अपेक्षाकृत अधिक ठंडी हो गई है। इस प्रयोग में अगर बोतलों का ताप थर्मामीटर की मदद से लिया जा सके तब निष्कर्ष अधिक स्पष्ट होगा।

बर्फ की सिल्ली के ऊपर रखी बोतल का सबसे निचला भाग ही ठंडा होता है। उसका बाकी भाग उस हवा से घिरा हुआ रहता है जो अभी ठंडी नहीं हुई है। इसके विपरीत जो बोतल सिल्ली के नीचे रखी है उसके अंदर भरा द्रव ठंडा होकर नीचे जाएगा क्योंकि वह भारी हो जाएगा। नीचे की परतें जो अभी अपेक्षाकृत गरम और हलकी हैं, ऊपर उठेंगी। यहाँ वे भी ठंडी हो जाएँगी, भारी हो जाएँगी और नीचे आ जाएँगी। इस प्रकार पूरा द्रव ठंडा हो जाएगा। इसके साथ ही बर्फ के इर्द-गिर्द की हवा भी ठंडी होकर नीचे बैठेगी और बोतल को सब ओर से घेरकर उसे ठंडी कर देगी।

46. भारहीनता घर में पैदा करो

तुमने पढ़ा है कि अंतरिक्ष यात्रा करते समय यात्रियों को अत्यंत विचित्र स्थिति का सामना करना पड़ता है। वैसी स्थित्ि आमतौर पर पृथ्वी पर नहीं मिलती। अगर वे किसी वस्तु को ऊपर से छोड़ देते हैं तब भी वह नीचे नहीं गिरती वरन् जहाँ उसे छोड़ा गया है वहीं रहती है। स्वयं यात्रियों को भी अपनी सीट पर पकड़कर बैठना पड़ता है अन्यथा वे अधर में लटक जाते हैं। इस स्थिति में उन्हें पानी आदि पीने में भी बहुत कठिनाई होती है। यह भारहीनता की स्थिति होती है और पृथ्वी के गुरुत्वाकर्षण बल में बहुत कमी हो जाने के फलस्वरूप पैदा होती है।

तुम जानते हो कि पृथ्वी हर वस्तु को अपने केंद्र की ओर आकर्षित करती है और जिस बल के अंतर्गत वह ऐसा करती है, वह गुरुत्वाकर्षण बल कहलाता है। इस बल को हम जीवनपर्यंत, हर समय, सहन करते रहते हैं। इसलिए हमारे सब कार्य-कलाप उसी के अनुरूप हो गए हैं।

हम उसके अभ्यस्त हो गए हैं। इसी से हमें वस्तुओं में भार का ज्ञान होता है। पृथ्वी का गुरुत्वाकर्षण बल, जो उसके केंद्र से वस्तु की दूरी के साथ घनिष्ठ रूप से संबंधित होता है, जैसे-जैसे दूरी बढ़ती जाती है तेजी से क्षीण होता जाता है। अंतरिक्ष में यात्रा करते समय मनुष्य पृथ्वी के केंद्र से अपेक्षाकृत अधिक दूर हो जाता है इसलिए उसका भार भी बहुत कम हो जाता है और उसे भारहीनता की स्थिति का सामना करना पड़ता है।

सामान्य परिस्थितियों में हम भारहीनता का अनुभव नहीं करते परंतु कुछ हालातों में हमें इसका अनुभव, क्षणमात्र के लिए ही होता है। अगर कोई आदमी ऊँचाई से

गिर रहा होता है तो क्षण-भर के लिए उसे अपना शरीर आश्चर्यजनक रूप से हलका प्रतीत होने लगता है। यह भारहीनता की ही स्थिति है। बाद में उसके शरीर पर गुरुत्वाकर्षण के फलस्वरूप त्वरण कार्य करने लगता है। इसी प्रकार उस क्षण जब लिफ्ट एकाएक नीचे जाना शुरू करती है, हम भारहीनता का अनुभव करते हैं। समुद्री

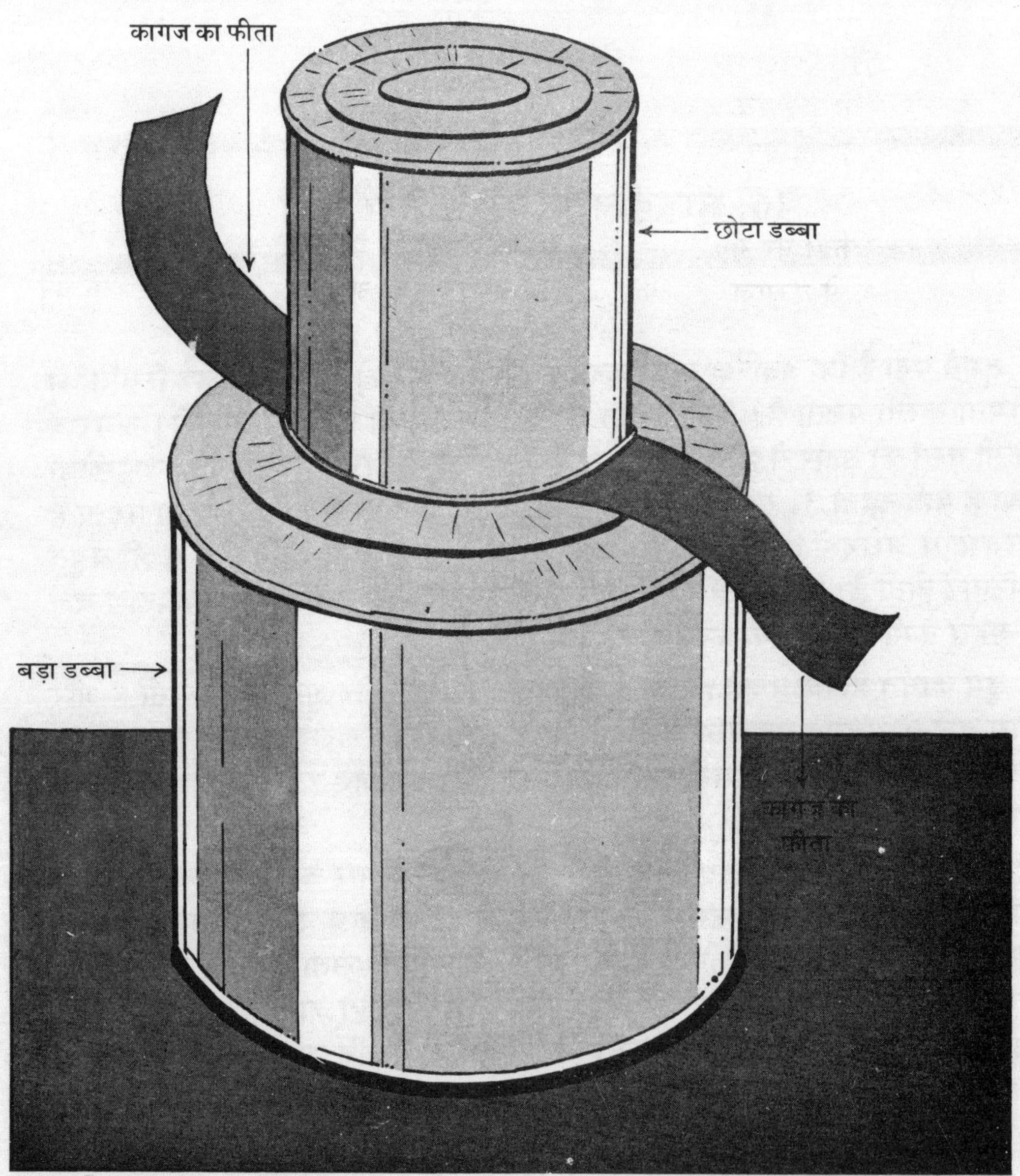

तूफान में जहाज लहरों के साथ ऊपर उठकर जब नीचे जाने लगता है तो वह भारहीनता की स्थिति से गुजरता है। अब भारहीनता के बारे में एक सरल प्रयोग—ऐसा प्रयोग जिसमें तुम स्वयं तो भारहीनता का अनुभव नहीं करोगे पर वस्तुओं को कुछ क्षण के लिए भारहीन अवश्य बना दोगे।

इसके लिए तुम्हें चाहिए टिन के दो ढक्कनदार ऐसे डब्बे कि एक डब्बा दूसरे के अंदर समा सके और कागज का एक लंबा फीता। बड़े डब्बे का ढक्कन खोलकर उसमें कागज का फीता इस प्रकार रखो कि उसका एक सिरा बाहर निकला हो। फिर छोटे डब्बे का ढक्कन बंद करके पहले डब्बे के अंदर रख दो। अब अगर तुम फीता खींचने की कोशिश करते हो तो तुम्हें कुछ ताकत लगानी पड़ती है।

इसके बाद फर्श पर गद्दे आदि रख दो जिससे न तो फर्श खराब हो और न डब्बे टूटें। एक हाथ से कागज के फीते का सिरा पकड़े रहो और दूसरे हाथ से डब्बों को ऊपर उठा लो। फिर उन्हें छोड़ दो और मुक्त रूप से गिरने दो। गिरते समय क्षण मात्र के लिए वे भारहीन हो जाते हैं। उस समय कागज का फीता सरलता से खिच आता है।

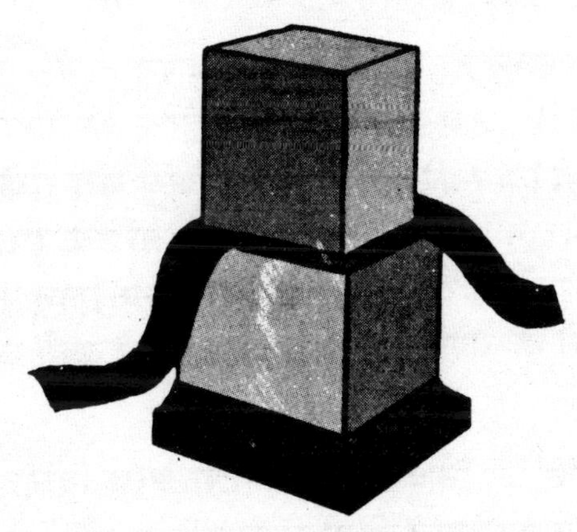

47. तुम्हारे हाथ में कितनी उँगलियाँ?

तुम कहोगे कि यह भी कोई पूछनेवाला प्रश्न है! वह बच्चा भी, जिसे पढ़ना तक नहीं आता, इसका सही उत्तर दे सकता है। हमारे हर पंजे में पाँच उँगलियाँ होती हैं। पर जरा अपने टी.वी. के स्क्रीन के सामने अपने पंजे को हिलाओ और स्क्रीन पर उँगलियों के बिंबों की गिनती करके देखो। तुम्हें लगेगा कि तुम्हारे हाथ में पाँच से ज्यादा उँगलियाँ हैं। यह कैसे हो गया? पर पहले प्रयोग कर लो।

इसके लिए तुम्हें सिर्फ अपने टी.वी. सैट की जरूरत होगी। उसे ऑन कर दो, पर उसकी आवाज चालू न करो। अब अपने दोस्त से हाथ का पंजा स्क्रीन के सामने इस प्रकार फैलाने के लिए कहो कि स्क्रीन पर उसका बिंब बन सके। अगर पंजे पर तेज रोशनी पड़े (और स्क्रीन पर न पड़े) तो उसका बिंब अधिक स्पष्ट बनेगा। जब बिंब स्पष्ट रूप से बनने लगे तब दोस्त को उँगलियाँ हिलाने के लिए कहो। अब तुम पंजे के बिंब में उँगलियों को गिनने की कोशिश करो। वे पाँच से कहीं ज्यादा दिखाई देती हैं। क्यों?

इसके दो कारण हैं—दृष्टि का निर्बंध (परसिस्टेंस ऑफ विजन) और स्ट्रोबोस्कोपी प्रभाव। जब तुम किसी वस्तु को देखते हो तो उसका बिंब आँख के रेटीना पर बनता है। जिस वस्तु का बिंब रेटीना पर नहीं बनता उसको हम देख नहीं पाते। वस्तु के हटा लिए जाने के बाद भी, उस बिंब का प्रभाव तुम्हारे मस्तिष्क पर लगभग 1/10 सेकंड तक रहता है। अब अगर तुम ऐसी वस्तुएँ देख रहे हों जो तुम्हारी आँख के सामने सेकंड के 1/10 भाग से भी कम समय में गुजर रही हों तब तुम्हारे मस्तिष्क में एक वस्तु के बिंब का प्रभाव समाप्त नहीं होता कि दूसरी वस्तु के बिंब का प्रभाव आरंभ हो जाता है।

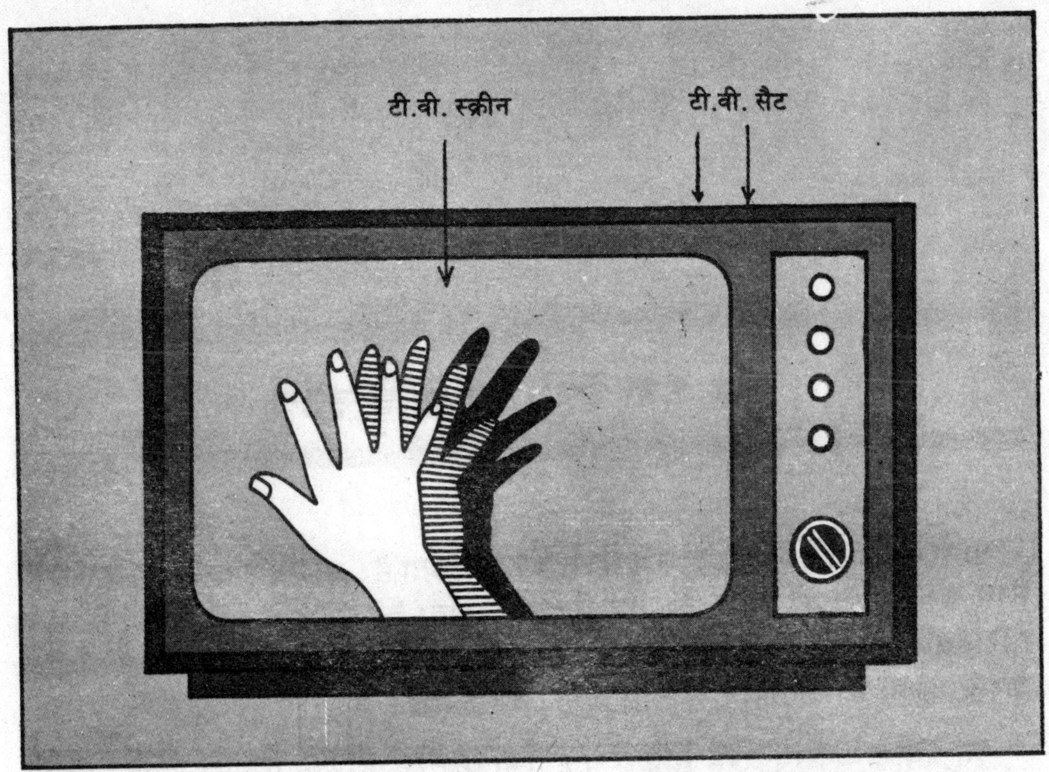

इससे बिंब के क्रम में कोई बाधा नहीं आती। इससे तुम्हें ऐसा प्रतीत होता है कि वे वस्तुएँ आपस में जुड़ी हुई हैं चाहे वास्तव में वे अलग-अलग होती हैं। यही दृष्टि का निर्बंध गुण कहलाता है।

टी.वी. का स्क्रीन एक सेकंड में 50 बार प्रकाशवान और काला होता है। इस प्रकार वह प्रकाश का ऐसा स्रोत है जो बहुत जल्दी-जल्दी जलता-बुझता है। इस तरह का स्रोत स्ट्रोबोस्कोपिक प्रकाश कहलाता है।

अब तुम हिलती हुई एक उँगली पर विचार करो। तुम्हारे मस्तिष्क में वह अलग-अलग स्थितियों में पाँच प्रभाव पैदा करती है। अगर वह सेकंड के दसवें भाग में फिर से अपनी पहली स्थिति में आ जाती है और अपने हिलने के पथ को दुहराने लगती है तब उसके प्रभाव मस्तिष्क से मिट नहीं पाते। यह स्थिति उस समय और जटिल हो जाती है जब पंजे की सब उँगलियाँ, अँगूठे समेत, हिल रही होती हैं। निश्चय ही वे पाँच से कहीं ज्यादा प्रभाव उत्पन्न करेंगी। इसीलिए तुम्हें टी.वी. स्क्रीन पर बहुत-सी उँगलियाँ होने का आभास होता है।

48. ठंडा करने पर पानी उबले

पानी को उबालने के लिए उसे गरम करना पड़ता है। आमतौर से उसे उबालने के लिए उसके ताप को 100° सें. तक पहुँचाना होता है। पर हम तुम्हें बताएँ कि कुछ परिस्थितियाँ ऐसी भी हैं जिनमें पानी को उबालने के लिए उसे गरम नहीं वरन् ठंडा करना पड़ता है। आओ, एक ऐसा प्रयोग करके देखें।

इस प्रयोग के लिए तुम्हें चाहिए एक ऐसा फ्लास्क जिसके मुँह पर स्टापर अच्छी तरह फिट हो सके, गरम करने के लिए हीटर या बर्नर और ठंडा पानी।

पहले फ्लास्क को पानी से तीन-चौथाई भरकर हीटर पर गरम होने रख दो। उस पर स्टापर नहीं लगाओ। जब पानी उबलने लगे तो फ्लास्क को हीटर से उतारकर रख दो और जल्दी से उसके मुँह पर स्टापर लगा दो। तुम देखते हो कि फ्लास्क में पानी उबलना बंद हो जाता है। अब फ्लास्क पर बाहर की ओर ठंडा पानी डालना शुरू करो। तुम पाते हो कि फ्लास्क में पानी फिर से उबलने लगा। क्यों? उसे तो ठंडा किया जा रहा था, फिर वह उबलने क्यों लगा? इस बारे में विचित्र बात यह है कि फ्लास्क पर जितना अधिक ठंडा पानी डाला जाएगा अंदर का पानी उतनी ही जल्दी फिर से उबलने लगेगा।

सामान्य वायुमंडलीय दबाव (760 मिलीमीटर) पर पानी 100° सें पर उबलता है। पर वातावरण के दबाव में वृद्धि कर देने पर पानी का उबलने का ताप (क्वथनांक) भी उसी अनुपात में ऊँचा हो जाता है। इसके विपरीत वातावरण का दबाव कम कर देने से पानी कम ताप पर ही उबलने लगता है।

जब फ्लास्क को हीटर से उतारकर उसके मुँह पर स्टापर लगाया गया तब उसमें पानी के ऊपर काफी मात्रा में भाप थी। उसने पानी पर दबाव डाला। दबाव बढ़ने से पानी का उबलना बंद हो गया। इसके बाद जब फ्लास्क पर बाहर की ओर ठंडा पानी डाला गया तब उसके अंदर का ताप कम हो गया। इससे कुछ भाप पानी में बदल गई। फलस्वरूप उसके दबाव मे कमी आ गई और दबाव कम होते ही पानी फिर से उबलने लगा। इस प्रकार पानी को ठंडा करने पर भी वह उबलने लगा। थोड़ी देर के बाद पानी का उबलना बंद हो गया क्योंकि उस समय उसका ताप काफी नीचे गिर गया।

फ्लास्क पर डाले ज।नेवाले पानी का ताप जितना कम होता है उसके अंदर की भाप उतनी ही जल्दी पानी में बदल जाती है और पानी उतनी ही जल्दी फिर से उबलने लगता है।

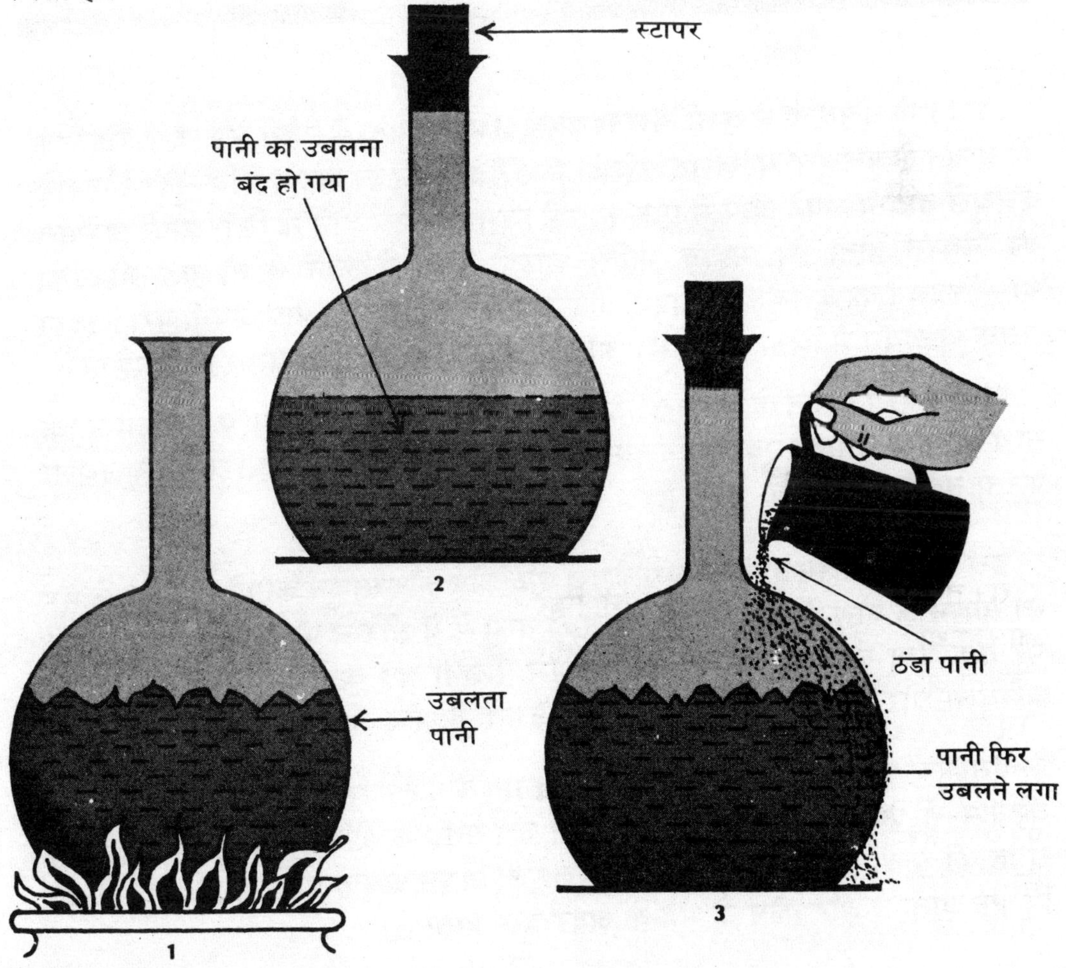

49. बुलबुला पिचक जाए

साबुन के बुलबुलों से तुम्हें खेलना बहुत अच्छा लगता है। वैसे बड़े-बड़े वैज्ञानिक भी साबुन के बुलबुलों से 'खेलते' रहे हैं। कुछ वैज्ञानिकों का कहना है कि सुंदर और बड़े बुलबुले बनाना अपने आप में एक कला है जिसमें माहिर होने के लिए काफी अभ्यास की जरूरत होती है। महान् भौतिकशास्त्री लार्ड केल्विन ने तो यह भी कहा था—''साबुन का बुलबुला बनाइए और उसे गौर से देखिए। आप अपनी पूरी जिंदगी उसके अध्ययन में बिता सकते हैं। आपको उससे निरंतर ज्ञान प्राप्त होता रहेगा।''

पर हम तुम्हें साबुन के बुलबुलों के जटिल भौतिक गुण नहीं बताएँगे। हम तो उनके साथ किया जानेवाला एक मनोरंजक प्रयोग बताएँगे जिसमें फूँक मारने पर बुलबुला फूटता नहीं वरन् पिचक जाता है।

इस प्रयोग के लिए तुम्हें चाहिए केवल एक कीप और साबुन का घोल। कीप के मुँह को साबुन के घोल में डुबो लो और उसकी नली में से धीरे से फूँक मारो। कीप के मुँह पर एक बड़ा बुलबुला बन जाता है। अब फूँकना बंद कर दो। तुम देखते हो कि बुलबुला धीरे-धीरे अपने-आप पिचकने लगता है और कीप के अंदर घुस जाता है।

ऐसा पृष्ठ तनाव के कारण होता है। इस तनाव के फलस्वरूप ही हर द्रव अपनी सतह को कम-से-कम करने का प्रयत्न करता है। जब सतह का क्षेत्रफल कम हो जाता है तब सतह की ऊर्जा भी कम हो जाती है। बुलबुला अपने क्षेत्रफल को घटाने के लिए ही पिचक जाता है और कीप के मुँह के अंदर घुस जाता है।

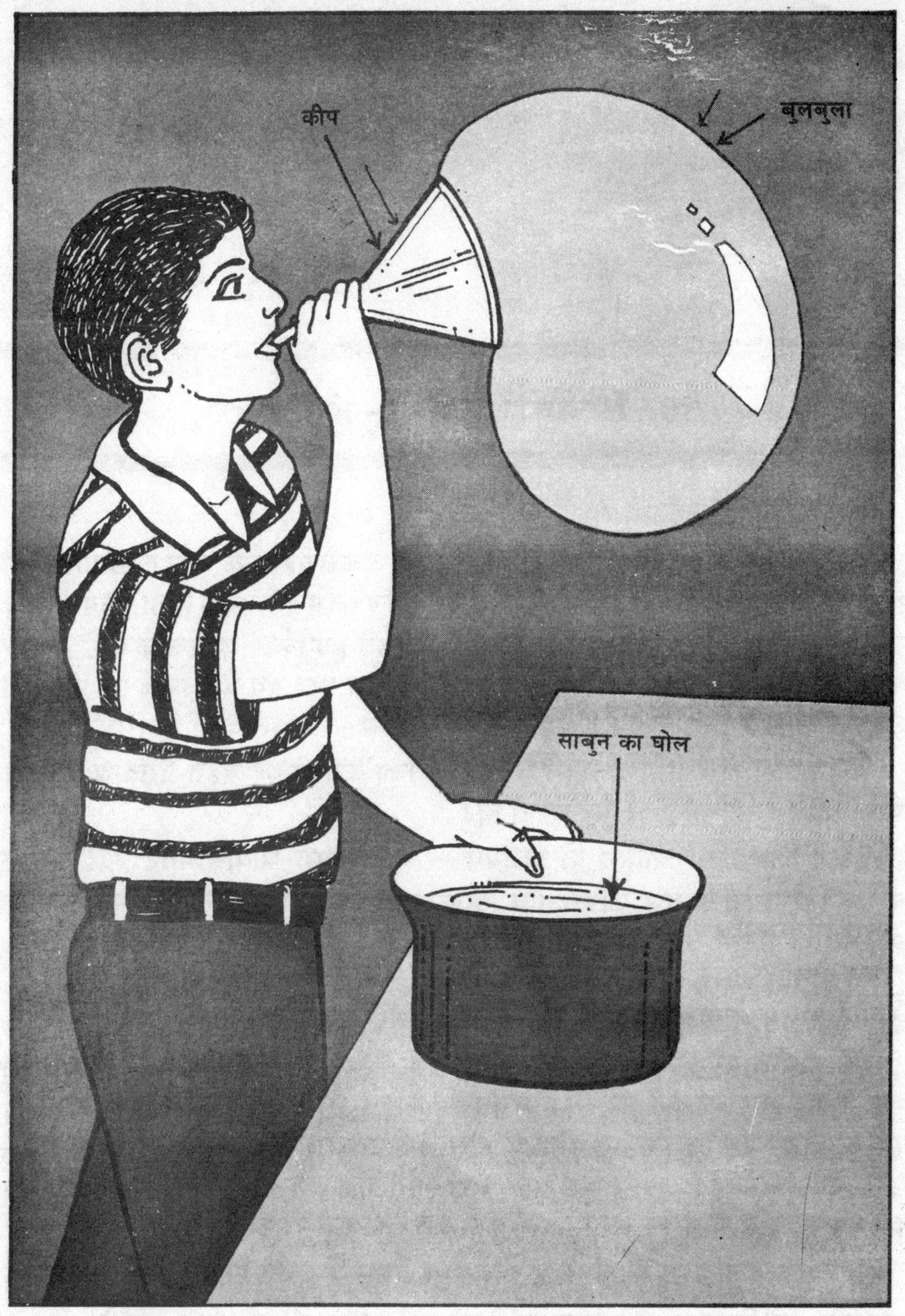
कीप
बुलबुला
साबुन का घोल

50. पिचकारी मारो–रंग उभरे

एक जादूगर अपना खेल समाप्त करते समय अकसर ही एक ट्रिक दिखाया करता था। वह दीवार पर एक ड्राइंग बोर्ड, जिस पर सफेद कागज चिपका होता, टाँगता था। उस पर कुछ नहीं लिखा दिखता था। वह यह कहते हुए कि, ''कागज के पीछे मच्छर बहुत छिपे हुए हैं,'' पिचकारी से कोई द्रव छिड़कता था। द्रव के कागज पर पड़ते ही उस पर लाल रंग से लिखे यह शब्द उभर आते थे–''अलविदा! फिर मिलेंगे।''

जादूगर का खेल समाप्त करने का यह तरीका दर्शकों को बहुत पसंद आता था। चाहो तो तुम भी यह खेल कर सकते हो।

इसके लिए तुम्हें चाहिए दो रसायन – पोटैशियम थायोसायनेट और फैरिक क्लोराइड, सफेद कागज, ड्राइंग बोर्ड, ड्राइंग पिनें, पिचकारी, पानी तथा फाहा बनाने के लिए थोड़ी-सी रुई और लंबी सींक।

उक्त दोनों रसायन किसी रसायन विक्रेता की दुकान से आसानी से मिल जाएँगे। वैसे पोटैशियम थायोसायनेट को सल्फोसायनेट भी कहते हैं।

पहले थायोसायनेट को पानी में घोल लो। लंबी सींक पर रुई का फाहा बनाकर उसे घोल में डुबोकर कागज पर कोई मनपसंद वाक्य लिख लो या चित्र बना लो। थायोसायनेट का घोल रंगहीन होता है इसलिए उससे सफेद कागज पर लिखे गए अक्षर दिखते नहीं हैं। उन्हें अच्छी तरह सूख जाने दो। उसके बाद कागज को ड्राइंग पिनों की मदद से बोर्ड पर लगा दो और बोर्ड को दीवार पर टाँग दो।

अब फैरिक क्लोराइड का पानी में सांद्र घोल तैयार कर उसे पिचकारी में भर लो। इस घोल को छिड़कने से कागज पर लिखे अक्षर लाल रंग में उभर आएँगे।

यह लाल रंग कागज पर लगे पोटैशियम थायोसायनेट और पिचकारी से छिड़के गए फैरिक क्लोराइड की परस्पर क्रिया के फलस्वरूप उभरता है। जब ये दोनों रसायन आपस में क्रिया करते हैं तब लाल रंग का फैरिक थायोसायनेट बनता है।

इस प्रयोग में एक सावधानी बरतनी बहुत जरूरी है। जब भी रसायनों को हाथ से छुओ हाथ पानी से अच्छी तरह धो लो। वैसे इन रसायनों को कभी भी चखने की कोशिश नहीं करनी चाहिए।

51. और प्रयोग समाप्त

तुमने काफी प्रयोग कर लिए। वैसे प्रयोग इतने अधिक और इतनी किस्मों के हैं कि तुम उन्हें जीवन-भर करते रहो फिर भी वे समाप्त नहीं होंगे। पर हम तुम्हें इस पुस्तक का आखिरी प्रयोग बता रहे हैं। जब सब प्रयोग मनोरंजक हैं और कुछ प्रयोग तो एकदम जादू के खेल जैसे हैं तब आखिरी प्रयोग भी क्यों न मनोरंजक और जादुई हो। आओ, तुम्हें ऐसा ही एक प्रयोग बताएँ। इसमें तुम्हें अक्षर जलते नजर आएँगे।

इसके लिए थोड़ा-सा शोरा (पोटैशियम नाइट्रेट) लो। पानी में उसका संतृप्त घोल तैयार कर लो। जैसा तुम जानते हो, संतृप्त घोल वह होता है जिसमें दिए गए ताप पर घोलक में और घुलनशील पदार्थ नहीं घुल पाता। उस घोल में सींक पर लगे हुए रुई के फाहे को डुबोकर उससे मोटे गत्ते पर काफी बड़े-बड़े अक्षरों में 'प्रयोग समाप्त' लिख लो। लिखते समय यह ध्यान रखो कि सब अक्षर आपस में मिले हुए हों। ऐसा होना बहुत जरूरी है। अन्यथा प्रयोग असफल हो जाएगा। अब गत्ते को धूप में सुखा लो। शोरे का पानी में घोल रंगहीन होता है। इसलिए गत्ते को सुखाने पर अक्षर नहीं दिखेंगे।

जब तुम पहले अक्षर पर आग लगाओगे तो वह जल उठेगा। साथ ही आग धीरे-धीरे अंतिम अक्षर तक पहुँच जाएगी। जब अंतिम अक्षर जल रहा हो तो गत्ते पर पानी डालकर आग बुझा दो। अगर ऐसा नहीं करोगे तो गत्ता भी आग पकड़ सकता है।

शोरा शीघ्रता से जल उठनेवाला पदार्थ है। जलते समय वह विघटित होकर ऑक्सीजन मुक्त करता है। इसलिए जलने के लिए ऑक्सीजन अपने-आप प्राप्त होती रहती है। इससे आग अंतिम अक्षर तक आसानी से पहुँच जाती है। □□□